新一代 电力交易平台（省级）设计丛书

业务模型设计
市场出清分册

北京电力交易中心有限公司　组编

中国电力出版社
CHINA ELECTRIC POWER PRESS

内 容 提 要

为加快全国统一电力市场体系建设，推动构建清洁低碳、安全充裕、经济高效、供需协同、灵活智能的新型电力系统，有效助力构建新型能源体系，进一步加快电力交易市场体系建设，北京电力交易中心有限公司组织各相关单位有关专家编写了《新一代电力交易平台（省级）设计丛书》。本丛书共8个分册，包括市场服务业务模型、市场出清业务模型、市场结算业务模型、技术支撑业务模型以及市场服务需求规格、市场出清需求规格、市场结算需求规格、技术支撑需求规格，对省内电力交易的业务流程、业务活动和业务信息等内容进行了深入浅出地讲解。

本分册为《新一代电力交易平台（省级）设计丛书 业务模型设计 市场出清分册》，主要介绍市场出清的业务建设背景、术语和定义、主要依据、总体业务结构、中长期交易业务、现货交易业务、零售交易业务、合同管理业务、市场出清配置等内容。

本套丛书既可作为发电企业、售电公司、电力用户等市场主体从业人员系统学习省内电力市场全环节业务的专业书籍，也可作为咨询人员、工程技术人员和高等院校师生的参考用书。

图书在版编目（CIP）数据

业务模型设计. 市场出清分册/北京电力交易中心有限公司组编. —北京：中国电力出版社，2024.4
（新一代电力交易平台（省级）设计丛书）
ISBN 978-7-5198-8193-1

Ⅰ.①业… Ⅱ.①北… Ⅲ.①电力市场－市场交易－管理信息系统－系统设计－中国 Ⅳ.①F426.615

中国国家版本馆 CIP 数据核字（2023）第 190335 号

出版发行：中国电力出版社
地　　址：北京市东城区北京站西街 19 号（邮政编码 100005）
网　　址：http://www.cepp.sgcc.com.cn
责任编辑：匡　野（010-63412786）
责任校对：黄　蓓　朱丽芳
装帧设计：张俊霞
责任印制：石　雷

印　　刷：三河市百盛印装有限公司
版　　次：2024 年 4 月第一版
印　　次：2024 年 4 月北京第一次印刷
开　　本：787 毫米×1092 毫米　16 开本
印　　张：5.5
字　　数：102 千字
印　　数：0001—3500 册
定　　价：42.00 元

版 权 专 有　侵 权 必 究

本书如有印装质量问题，我社营销中心负责退换

丛书编委会

主　任　史连军　谢　开

副主任　庞　博　常　青　曹瑛辉　李增彬　谢　文

成　员　李　竹　刘　硕　汤洪海　张　显　周　琳

　　　　　王　琪　何显祥　徐　亮　刘永辉　王　立

本分册编写组

组　长　汤洪海

成　员　张　显　谢　文　刘永辉　张　硕　金一丁

　　　　　张　楠　司良奇　邢　通　陈梦瑶　董晓亮

　　　　　王　立　嵇士杰　朱皇儒　安　邦　李　娟

　　　　　孙鸿雁　何　洋　董武军　王虎进　李瑞肖

　　　　　王　蕾　胡成刚　张辰达　程月瑄　崔东君

　　　　　罗朝春　华　峰　许继和　张勇林　李洪扬

　　　　　刘永卫　李晓蕾　王丽斌　李见广　黄一哲

新一代电力交易平台（省级）设计丛书

序

习近平总书记指出，能源保障和安全事关国计民生，是须臾不可忽视的"国之大者"。党的二十大报告提出，要积极稳妥推进碳达峰碳中和；深入推进能源革命，加快规划建设新型能源体系，加强能源产供销储体系建设。习近平总书记重要指示和党的二十大报告精神，为能源电力高质量发展提供了根本遵循。中央深改委审议通过《关于深化电力体制改革 加快构建新型电力系统的指导意见》，国家发展改革委、国家能源局陆续出台《关于加快建设全国统一电力市场体系的指导意见》《电力中长期交易基本规则》《电力现货基本规则（试行）》《电力市场信息披露基本规则》《关于建立煤电容量电价机制的通知》等政策文件，为多层次统一电力市场建设指明方向和目标，为各类交易品种建设和各类主体参与市场提供了支撑。

北京电力交易中心积极落实改革有关任务，积极推动电力市场体系建设，在全国统一电力市场建设、能源资源大范围优化配置、新能源消纳等方面取得了积极成效。经过各方多年共同努力，我国电力市场已形成了"统一市场、两级运作"的总体架构，空间上覆盖省间、省内，时间上覆盖中长期、现货，品种上覆盖电能量、辅助服务的全范围、全周期、全品种市场体系。省间中长期交易已实现连续运营，省内中长期连续运营稳步推进，现货市场建设全面加快。辅助服务市场体系不断完善，容量价格机制有效落地，绿电绿证交易取得新突破。目前，国家电网经营区市场化交易电量占比超过75%，省间交易电量占比超过20%，电力市场在资源优化配置中的作用充分彰显。

电力交易平台是电力市场体系架构和交易运营业务落地应用的重要技术载体。北京电力交易中心持续推动交易专业数智化转型，实现数字技术与交易业务深度融合，聚焦中长期与现货市场协同运营、基于可用输电能力（ATC）的多通道集中优化出清、高性能柔性结算、绿电绿证交易及消费核算、电商化"e-

交易"、全市场数据能力中心、电力市场全景仿真等重点领域，攻克了诸多关键技术难题，取得了一系列具有自主知识产权的科技创新成果。建成了覆盖省间和27个省市场，具备"业务运作实时化、市场出清精益化、交易规则配置化、市场结算高效化、基础服务共享化、数据模型标准化"特征的新一代电力交易平台，成为世界首套"云-台-链-智"融合的电力交易系统，建立了弹性调度、安全可靠的云架构技术支撑体系，构建了基于能力共享、运转灵活的电力交易业务中台系统架构，实现市场服务、市场出清、市场结算、市场合规、信息发布和系统管理等六大业务应用，设计了基于区块链的电力交易、溯源和认证技术，全面支撑了多层次统一电力市场高效协同运营。为促进新能源消纳和大范围优化配置、支撑新型电力系统建设、服务广大市场主体提供了坚强的技术保障。

随着新型电力系统建设不断推进，电力市场化改革逐步迈入"深水区""无人区"，电力市场建设面临供需形势变化拐点和新能源消纳与发展形势拐点。电力市场建设必须紧密结合电力系统电源构成、电网形态、负荷特性、技术基础、运行特性等方面发生的新变化，适应目标多元化、价值多维化、组织精细化、空间分层化、资源聚合化等新要求，更好服务和支撑新型电力系统建设运行需要。

在建设全国统一大市场，健全多层次统一电力市场体系的新征程上，需要进一步推动电力市场知识的普及、电力市场意识的培育、电力市场研究的深化、电力市场智慧的凝结。《新一代电力交易平台（省级）设计丛书》充分考虑了当前各省电力交易组织的实际情况，全面、系统地梳理了省内电力市场交易业务，是国内首套集中深入总结和提炼省内电力交易业务的专业技术丛书。丛书内容详实、结构清晰，对推动我国电力市场发展、促进电力交易业务创新具有重要的参考价值与现实意义。愿广大读者朋友学用结合、共同努力，充分发挥电力市场对能源清洁低碳转型的支撑作用，携手书写中国式现代化能源电力新篇章，为强国建设和民族复兴提供安全、经济、绿色的能源服务。

中国工程院院士
中国电机工程学会理事长
2024 年 3 月

新一代电力交易平台（省级）设计丛书

前　言

根据国家电力体制改革有关要求，北京电力交易中心于2016年3月1日正式挂牌成立。作为国家级电力交易机构，北京电力交易中心在电力市场建设、电力交易运营、技术支持平台建设等方面开展了大量前瞻研究与具体实践，形成了一系列技术标准、管理标准和科研成果，主持建设的新一代电力交易平台已成为全球交易量最大的大型电力市场技术支撑系统。截至2023年底，国家电网有限公司经营区范围内，在电力交易平台注册的发电企业、售电公司、电力用户等经营主体共56.8万余家。新一代电力交易平台有力支撑了中长期、现货、辅助服务等全周期、多品种交易，有力统筹了省间与省内、中长期与现货、交易与运行、批发与零售业务，服务了新型电力系统建设，在"保供应、促转型、稳价格"方面发挥了重要作用。

新一代电力交易平台包括省间、省级两部分，分别承担跨省跨区、省内电力交易业务，省间平台于2020年7月正式运行，省级平台于2021年6月正式运行。为总结新一代电力交易平台建设成果，北京电力交易中心于2021年组织编写了《新一代电力交易平台（省间）设计丛书》，受到了业界好评。此次又组织编写了《新一代电力交易平台（省级）设计丛书》，包括市场服务业务模型、市场出清业务模型、市场结算业务模型、技术支撑业务模型以及市场服务需求规格、市场出清需求规格、市场结算需求规格、技术支撑需求规格共八个分册，对省内电力交易的业务流程、业务活动和业务信息等内容进行了深入浅出讲解。本套丛书既可作为发电企业、售电公司、电力用户等市场主体从业人员系统学习省内电力市场全环节业务的专业书籍，也可作为咨询人员、工程技术人员和高等院校师生的参考用书。

本分册是《新一代电力交易平台（省级）设计丛书　业务模型设计　市场出清分册》。第1章分析市场出清业务的建设背景，介绍市场出清的基本概念和业务环节。第2章规定并明确本分册涉及的术语和定义。第3章列举市场出清功能在建设中所需遵从的国家及电力行业所颁布的相关管理规定。第4章介绍市场出清总体业务结构。第5章介绍中长期交易业务，包括电力直接交易、电网代理购电交易等内容。第6章介绍现货交易业务，包括日前市场、实时市场等内容。第7章介绍零售交易业务，包括零售套餐、零售交易额度等内容。第8章介绍合同管理业务，包括电子合同、绿电合同管理等内容。第9章介绍市场出清配置，详细描述市场出清业务模型的配置化设计思路。第10章介绍中长期交易业务模型设计，包括从交易配置管理到结果发布等各环节的业务项描述、业务项流程及业务子项描述。第11章介绍现货交易业务模型设计，包括现货交易序列管理、现货交易申报等业务项描述、业务项流程及业务子项描述。第12章介绍零售交易业务模型设计，包括零售套餐管理等业务项描述、业务项流程及业务子项描述。第13章介绍合同业务模型设计，包括合同生成管理、电子合同管理等业务项描述、业务项流程及业务子项描述。第14章介绍了市场出清业务面临的形势、发展方向、预期效果。

需要说明的是，本套丛书涉及大量的流程和岗位角色，编者为了方便读者理解，编制了组织单元图，努力为所有流程和岗位角色提供统一的命名。丛书中所列的组织单元图、业务流程图仅仅是一种示例，可能跟实际情况有差异，请读者朋友知晓。

本套丛书编写全过程，得到了首都、天津、河北、冀北、山西、山东、上海、江苏、浙江、安徽、福建、湖北、湖南、河南、江西、四川、重庆、辽宁、吉林、黑龙江、蒙东、陕西、甘肃、青海、宁夏、新疆、西藏电力交易中心，以及南瑞集团北京科东公司、中国电科院电自所、计量所、四川中电启明星公司、国网区块链科技公司等单位大力支持，在此一并深表谢意！本套丛书凝聚了电力市场专家团队、电力交易平台建设队伍近二十年的研究成果和实战经验，并以此为基础进行总结和提炼，希望能为读者带来帮助和启迪。

由于编者水平有限，书中难免存在不足和疏漏之处，恳请各位读者批评指正。

编 者

2024年3月

新一代电力交易平台（省级）设计丛书

目 录

序
前言

1 概述 1
2 术语和定义 2
3 主要依据 4
4 市场出清总体业务结构 5
5 中长期交易 8
    5.1 电力直接交易 8
    5.2 电网代理购电交易 9
    5.3 合同转让及变更交易 10
    5.4 发电权交易 14
    5.5 需求侧响应交易 15
    5.6 预挂牌交易 17
6 现货交易 19
    6.1 日前市场 19
    6.2 实时市场 19
    6.3 现货申报 20
    6.4 业务流程 22

7 零售交易 23
7.1 零售套餐 23
7.2 零售交易额度 25
7.3 零售交易流程 25

8 合同管理 28
8.1 电子合同 28
8.2 绿电合同管理 29
8.3 零售合同管理 29

9 市场出清配置 32

10 中长期交易业务模型设计 34
10.1 交易配置管理 34
10.2 交易序列管理 39
10.3 公告发布 42
10.4 交易申报 44
10.5 交易出清 48
10.6 交易校核 51
10.7 结果发布 53

11 现货交易业务模型设计 55
11.1 现货交易序列管理 55
11.2 现货交易申报 55
11.3 现货交易结果查询 57

12 零售交易业务模型设计 58
12.1 零售套餐管理 58
12.2 零售套餐选购 59

13 合同业务模型设计 ··· 64

13.1 合同生成管理 ··· 64
13.2 电子合同管理 ··· 64
13.3 绿电合同管理 ··· 67
13.4 零售合同管理 ··· 68
13.5 合同查询 ··· 69

14 展望 ··· 70

14.1 面临的形势 ··· 70
14.2 发展方向 ··· 70
14.3 预期效果 ··· 71

参考文献 ··· 73

1 概　　述

依据全国统一电力市场深化设计方案，按照"统一设计、安全可靠、配置灵活、智能高效"的原则，构建"业务运作实时化、市场出清精益化、交易规则配置化、市场结算高效化、基础服务共享化、数据模型标准化"的新一代电力交易平台，更好支撑全市场形态、全电量空间、全体系结构、全范围配置的全国统一电力市场建设，特编写本书。

市场出清是电力市场组织运营的核心环节，是指为保障电力系统安全、经济、高效运行，在满足电网安全运行的前提下，通过市场机制形成交易电量、交易价格、交易曲线，确定交易双方交割合同的过程。市场出清承担着供需信息收集、发用电计划确定、电能价格形成等市场功能。

市场出清业务环节包括中长期交易、现货交易、零售交易、合同管理四部分。其中，中长期交易与现货交易组成电能量市场。中长期交易是符合准入条件的市场主体通过双边协商、集中交易等方式，开展的多年、年、多月、月、多日等日以上电能量交易。现货交易是市场主体开展的日前、日内和实时电能量交易。通过中长期交易与现货交易，共同形成体现时间、空间价值的批发电能量出清价格。零售交易是售电公司与零售用户之间开展的电能量交易，实现批发、零售市场价格的有效传导与零售电力用户对市场价格信号的有效响应。

在明确市场出清各业务环节的要求后，对中长期交易业务模型、现货交易业务模型、零售交易业务模型、合同业务模型进行深化设计，适应各省已有交易规则中规则要素的调整和组合，提高规则变化的响应速度，满足市场出清模块配置化的要求。其中，中长期交易业务模型设计包含交易配置管理、交易序列管理、公告发布、交易申报、交易出清、交易校核、结果发布7个业务项；现货交易业务模型设计包括现货交易序列管理、现货交易申报、现货交易结果查询3个业务项；零售交易业务模型设计包括零售套餐管理、零售套餐选购2个业务项；合同业务模型设计包括合同生成管理、电子合同管理、绿电合同管理、零售合同管理、合同查询5个业务项。

2 术语和定义

本书涉及的术语和定义见表 2-1。

表 2-1　　　　　　　　　　名词术语表

序号	名称	定义
1	电力批发市场	发电企业与电力用户或售电公司等市场主体之间，通过市场化方式进行的电力交易活动的总称
2	电力零售市场	售电公司与电力用户之间开展的购售电交易活动的总称
3	中长期交易	符合准入条件的发电企业、电网企业、售电公司、电力用户等市场主体，通过双边协商、集中竞价等市场化方式，开展的多年、年、季、月、周、多日电力批发交易
4	电力直接交易	符合准入条件的发电企业、电力用户、售电公司等市场主体，按照自愿参与的原则，通过双边协商、集中竞价等市场化方式，开展的购售电交易
5	合同转让交易	将合同的全部或部分电量转让给合同之外的第三方的交易
6	双边协商交易	市场主体之间按有关规则自主协商交易电量/电力、电价，并通过电力交易平台进行申报确认、出清，经安全校核后形成最终交易结果
7	集中竞价交易	设置交易报价提交截止时间，电力交易平台汇总市场主体提交的交易申报信息，按照市场规则进行统一的市场出清，发布市场出清结果
8	挂牌交易	挂牌方市场主体通过电力交易平台，将购电（或售电）的需求电量/电力或者可供电量的数量和价格等信息对外发布要约邀请，由符合资质要求的另一方提出接受该要约邀请
9	滚动撮合交易	在规定的交易起止时间内，市场主体可以随时提交购电或者售电信息，电力交易平台按照时间优先、价格优先的原则进行滚动撮合成交
10	边际电价法	所有成交电量均采用统一边际价格进行出清的方法

2 术语和定义

续表

序号	名称	定义
11	报价撮合法	将购电方、售电方申报价格（差）配对，形成竞争交易价格（差）进行出清的方法
12	输配电价	电网经营企业提供接入、联网、电能输送和销售服务的价格总称
13	安全校核	校核由市场出清预先形成的无约束交易结果是否满足网络安全稳定的约束条件的过程
14	交易申报	市场主体参与市场竞争，向电力交易机构提交电量、价格的行为
15	交易限价	为了防止电力市场风险，对售电方和购电方申报价格所采取的限制数值约束
16	合同管理	对电能交易合同与协议的编制、查询、变更、归档、执行跟踪等过程的管理
17	购电方	按照合同约定在电力交易中购入电能的市场主体
18	售电方	按照合同约定在电力交易中售出电能的市场主体
19	合同变更	合同在正式签订之后，有变更信息产生，经过合同各方同意和电力交易中心的统一授权后进行合同信息修改
20	电子合同	由电力交易平台根据已发布的交易结果自动生成的，用于约定交易成交各方权利义务以及交易各项条款的电子协议，电子合同具备与纸质合同相同的法律效力。电子合同主要采用两种模式：一是由"交易承诺书＋交易公告＋交易结果"等信息形成的组合模式电子合同，二是基于标准化合同范本生成的合同文本模式电子合同
21	绿色电力产品	符合国家有关政策要求的风电、光伏等可再生能源发电企业上网电量
22	绿色电力交易	以绿色电力产品为标的物的电力中长期交易
23	绿色电力证书	国家对发电企业每兆瓦时可再生能源上网电量颁发的具有唯一代码标识的电子凭证，作为绿色电力环境价值的唯一凭证
24	绿色电力交易平台	支撑绿色电力交易开展的技术支持系统，包括"e-交易"与电力交易平台

3 主要依据

本书在编写过程中遵循以下规定和办法中的要求内容，具体实施过程中宜按最新标准执行。

《中共中央 国务院关于进一步深化电力体制改革的若干意见》（中发〔2015〕9号）及其相关配套文件

《电力中长期交易基本规则》（发改能源规〔2020〕889号）

《国家能源局关于做好2021年电力中长期合同签订工作的通知》（发改运行〔2020〕1784号）

《国家发展改革委办公厅关于组织开展电网企业代理购电工作有关事项的通知》（发改价格〔2021〕809号）

《国家发展改革委关于进一步深化燃煤发电上网电价市场化改革的通知》（发改价格〔2021〕1439号）

《国家能源局关于加快建设全国统一电力市场体系的指导意见》（发改体改〔2022〕118号）

《北京电力交易中心绿色电力交易实施细则（修订稿）》（京电交市〔2023〕44号）

《北京电力交易中心跨区跨省电力中长期交易实施细则（修订稿）》（京电交市〔2022〕26号）

《电力现货市场基本规则（试行）》的通知（发改能源规〔2023〕1217号）

4 市场出清总体业务结构

市场出清总体业务结构包括中长期交易、现货交易、零售交易、合同管理四部分，详见图4-1～图4-4。电力批发市场是指发电企业与电力用户或售电公司等市场主体之间，通过市场化方式进行的电力交易活动的总称。中长期交易与现货交易组成电能量市场。交易结果为市场结算提供基础数据。

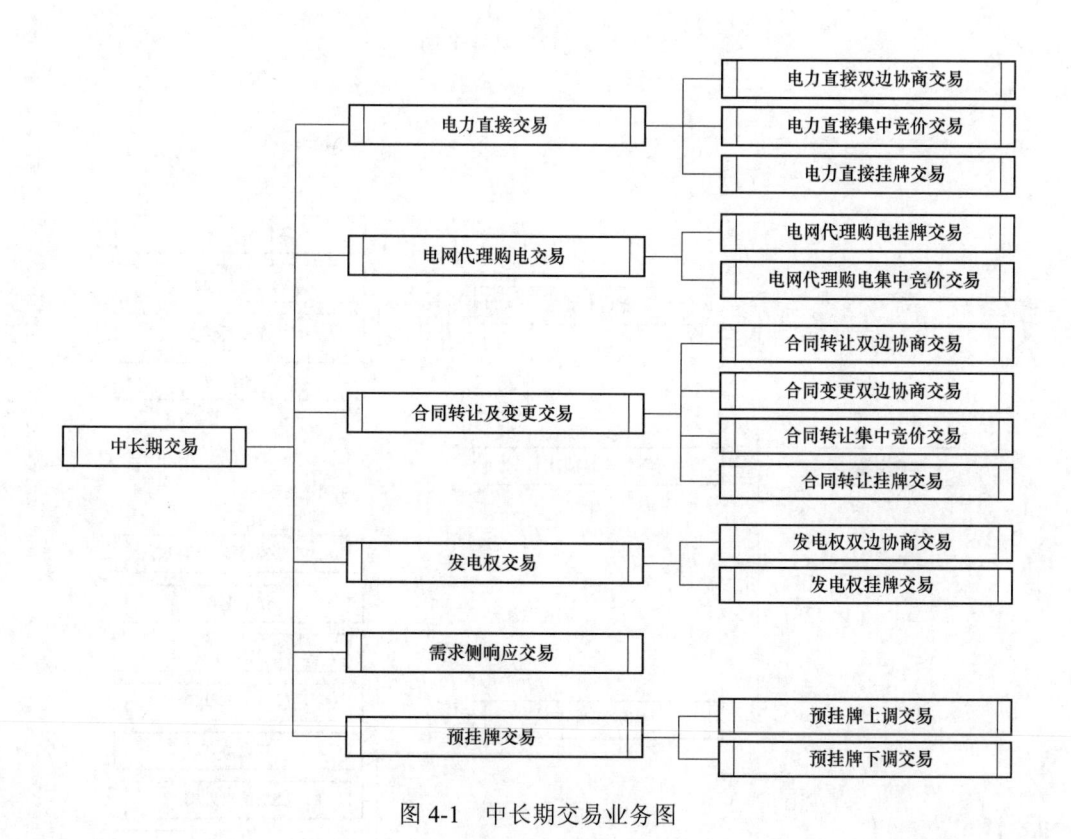

```
中长期交易 ─┬─ 电力直接交易 ─┬─ 电力直接双边协商交易
            │                 ├─ 电力直接集中竞价交易
            │                 └─ 电力直接挂牌交易
            ├─ 电网代理购电交易 ─┬─ 电网代理购电挂牌交易
            │                   └─ 电网代理购电集中竞价交易
            ├─ 合同转让及变更交易 ─┬─ 合同转让双边协商交易
            │                     ├─ 合同变更双边协商交易
            │                     ├─ 合同转让集中竞价交易
            │                     └─ 合同转让挂牌交易
            ├─ 发电权交易 ─┬─ 发电权双边协商交易
            │             └─ 发电权挂牌交易
            ├─ 需求侧响应交易
            └─ 预挂牌交易 ─┬─ 预挂牌上调交易
                          └─ 预挂牌下调交易
```

图 4-1 中长期交易业务图

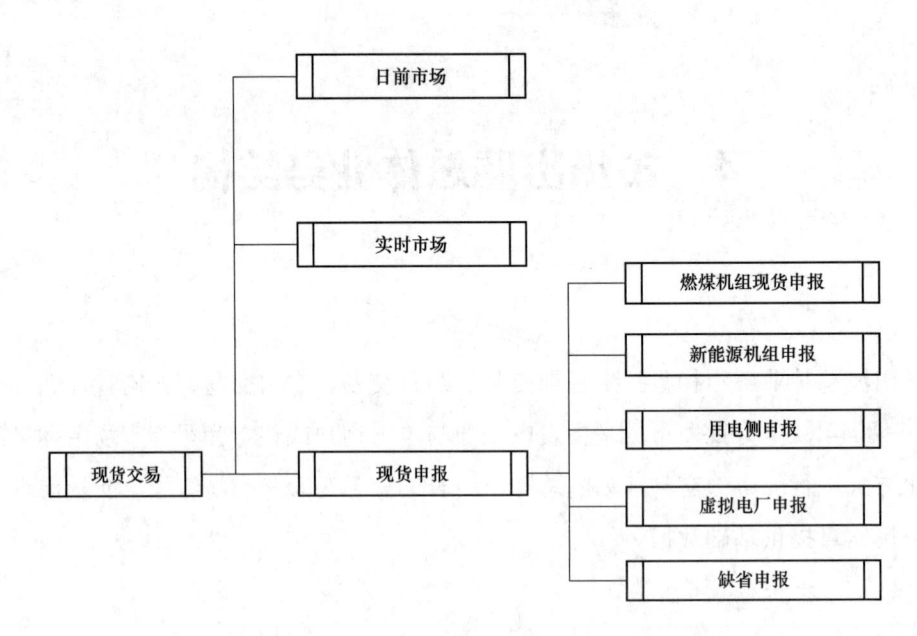

图 4-2　现货交易业务图

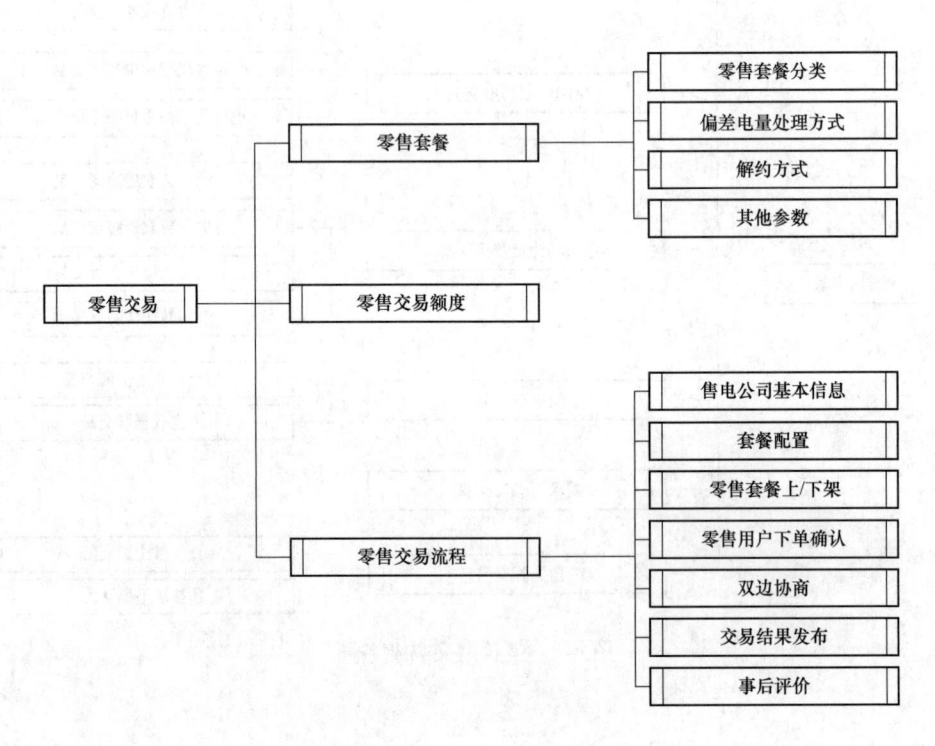

图 4-3　零售交易业务图

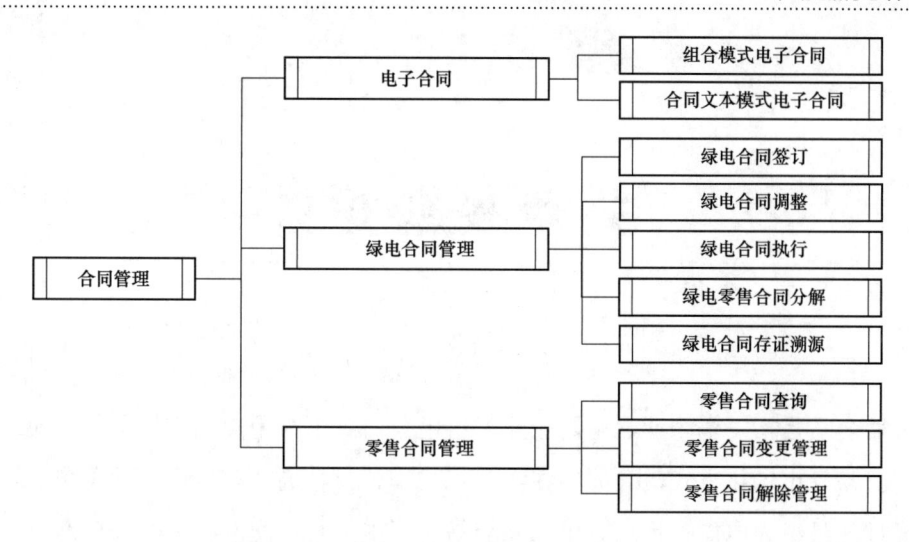

```
                              ┌──── 组合模式电子合同
                ┌── 电子合同 ──┤
                │             └──── 合同文本模式电子合同
                │
                │                   ┌──── 绿电合同签订
                │                   ├──── 绿电合同调整
                │                   │
合同管理 ───────┼── 绿电合同管理 ───┼──── 绿电合同执行
                │                   ├──── 绿电零售合同分解
                │                   └──── 绿电合同存证溯源
                │
                │                   ┌──── 零售合同查询
                └── 零售合同管理 ───┼──── 零售合同变更管理
                                    └──── 零售合同解除管理
```

图 4-4　合同管理业务图

5 中长期交易

中长期交易是指发电企业、电网企业、售电公司、电力用户等市场主体,通过双边协商、集中交易等市场化方式,开展的多年、年、季、月、周、多日电力批发交易。中长期交易与现货交易组成电能量市场。中长期交易包括电力直接交易、电网代理购电交易、合同转让及变更交易、发电权交易、需求侧响应交易、预挂牌交易等品种。

5.1 电力直接交易

电力直接交易现阶段是指发电企业与电力用户、售电公司,按照自愿参与、自主协商的原则直接进行的电能量交易,电网企业按规定提供输配电服务、收取输配电费的交易行为。

5.1.1 电力直接双边协商交易

电力直接双边协商交易是指市场主体之间自主协商交易要素的电能量交易方式。售电公司、电力用户和发电企业既可作为申报方,也可作为确认方。协商达成交易意向后,由申报方按相关要求在交易平台上提交交易周期、交易电量、交易价格、分解曲线等合同信息,另一方确认。申报信息不公开,交易申报截止前可提交、撤销和修改。

5.1.2 电力直接集中竞价交易

电力直接集中竞价交易是指交易提交截止时间内,电力交易平台汇总市场主体提交的交易申报信息,按照市场规则进行统一的市场出清,发布市场出清结果。

售电公司、电力用户作为购电方,发电企业作为售电方。购电方和售电方均需对交易标的进行报量报价,申报信息不公开。

分时段集中竞价交易的成交电量均分至交易周期内的每天后,再均分至该时段每个小时;按典型曲线的集中竞价交易的成交电量均分至交易周期内的每天后,按曲线比例分解至每个小时。发电企业在单笔竞价交易中的售电量一般不得超过其剩余发电能力。

5.1.3　电力直接挂牌交易

电力直接挂牌交易是指市场主体通过电力交易平台，将需求电量或者可供电量的数量和价格等信息对外发布要约邀请，由符合资格要求的另一方接受该要约邀请。

挂牌方挂牌内容包括交易周期、交易电量、交易价格、电量曲线等内容，摘牌方根据挂牌方发布的挂牌信息进行摘牌操作，接受挂牌方挂牌价格、分解曲线等信息，摘牌电量可为挂牌方全部或部分电量。挂牌交易出清价格为挂牌价格。一般情况下，发电企业仅可作为售方，电力用户和售电公司仅可作为购方。

5.2　电网代理购电交易

根据《国家发展改革委办公厅关于组织开展电网企业代理购电工作有关事项的通知》（发改办价格〔2021〕809号）文件要求，电网企业通过场内集中交易方式（不含撮合交易）代理购电，以报量不报价方式，作为价格接受者参与市场出清。目前电网企业主要通过挂牌交易方式和集中竞价方式开展代理购电工作。

5.2.1　电网代理购电挂牌交易

代理购电挂牌交易购电方为电网企业，售电方为进入市场的发电企业。电网企业通过电力交易平台，将需求电量和价格等信息对外发布要约邀请，开展挂牌交易，挂牌交易价格一般按当月月度集中竞价交易加权平均价格确定。由发电企业接受该要约邀请，进行摘牌。采用分时段交易的省份一般在各个交易时段分别开展挂牌交易，挂牌价格依据当地交易规则执行。

电网企业定期预测代理购电工商业用户用电量及典型负荷曲线，综合考虑代理购电工商业用户和居民、农业用户预测用电量以及上年度电网综合线损率、当地执行保量保价的优先发电电量等因素，合理确定市场化采购电量，作为电网企业代理购电交易电量。现货市场运行或开展中长期分时段交易，还需考虑代理购电工商业用户用电负荷特性、新能源出力特性、季节变更、节假日安排等因素分别预测分时段电量。

挂牌成交电量不足部分由市场化机组按剩余容量等比例承担，价格按挂牌价格执行。首先计算各机组剩余发电能力，根据各机组当月发电能力，扣除已成交的各类市场化电量及本次代理购电挂牌交易申报电量，得出各机组剩余发电能力。将挂牌成交电量不足部分根据各机组剩余发电能力，等比例分摊至各市场化机组。

现货市场未运行时，交易申报结束后，形成无约束交易结果，经相关调度机构安全校核，通过后形成正式交易结果。代理购电交易电量为各发电企业摘牌及分摊电量，价格为挂牌价格。

5.2.2 电网代理购电集中竞价交易

代理购电集中竞价交易购电方为省级电网企业，售电方为进入市场的发电企业。电网企业通过集中竞价方式代理购电，以报量不报价方式，作为价格接受者参与市场出清。采用分时段交易的省份一般在各个交易时段分别开展集中竞价交易。

电网企业代理购电电量预测方式与电网代理购电挂牌交易相同。

交易申报结束后，采用边际电价法出清，形成无约束交易结果。现货市场未运行时，无约束交易结果需经调度机构安全校核，通过后形成正式交易结果。代理购电交易电量为各发电企业成交电量，价格为本次场内集中交易成交价格。

5.3 合同转让及变更交易

5.3.1 合同转让双边协商交易

合同转让双边协商交易，其标的物为合同电量，转让电量可以是交易合同全部电量或部分电量，转让周期可为合同全部周期或部分周期。

5.3.1.1 发电企业合同转让交易

交易申报范围中转入方为已取得电力业务许可证、进入商业运营、具备相关资质并满足电网运行条件的火电企业、新能源企业等。出让方为已签订合同且有未执行完成合同的发电企业。转让标的为政府相关文件已明确的可转让的年度省内市场化未执行电量。

发电企业合同电量转让交易需填报出让电量，同时可填报出让价格。出让方通过电力交易平台填报合同出让电量，经转入方确认后达成交易。本次合同转让交易出清后，若原转让合同电量因计划变动等原因发生调整时，将按照转让电量占原合同电量比例进行等比例调整。

交易过程中出让方出让的各段电量一般不得超出原合同分时段电量，转入方转入电量与已持有的市场化电量总和一般不得超过该月的发电能力。同一批次合同转让交易中同一发电企业一般不能同时为出让方和受让方。

现货市场未运行时中长期交易结果需调度进行安全校核，现货市场运行期间中长期交易结果无需调度安全校核。

发电企业合同转让交易流程如图 5-1 所示。

5.3.1.2 电力用户合同转让交易

电力用户合同转让交易包含月度合同转让交易和月内合同转让交易。根据参与年度交易的种类不同，月度合同转让参与用户为全量市场用户，月内合同转让参与用户为非现货用户。

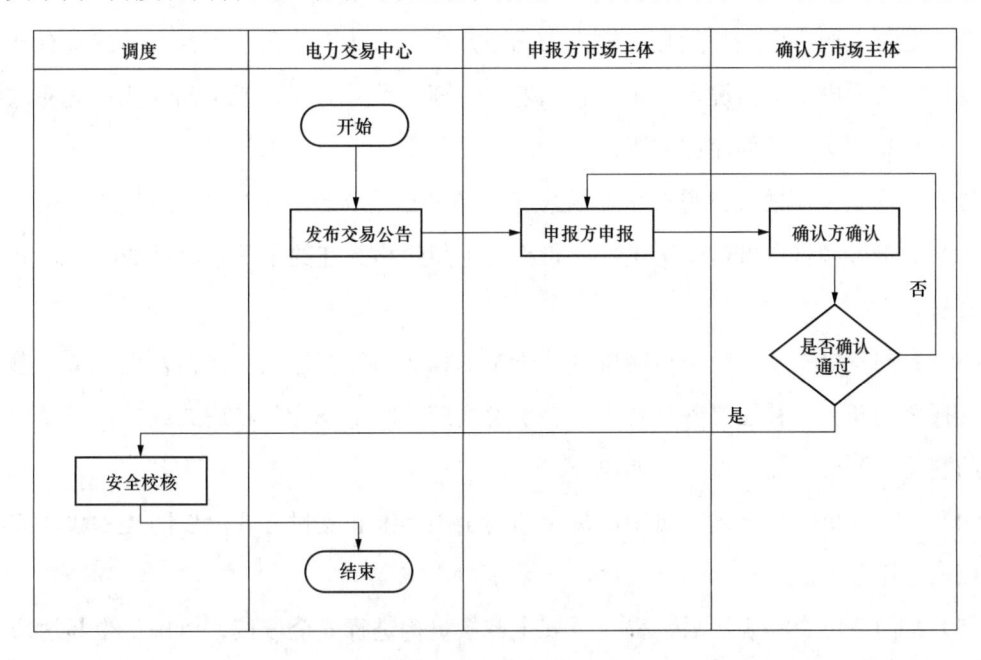

图 5-1　发电企业合同转让交易流程图

1. 月度合同转让交易

参与合同转让的市场主体无需校核，符合条件的均可参与。交易转让标的为未执行的年度省内直接交易合同电量。合同转让交易应可填报出让电量、电价。出让方通过电力交易平台填报分段电量，经转入方确认后达成交易。出让电量一般不得超出已签订合同电量。交易各方自主协商确定交易意向，通过交易平台申报和确认后达成交易出清结果。

售电公司根据其代理零售用户用电计划及交易时段划分，通过电力交易平台分别申报各个代理用户需出让的各月分时段交易电量，且须在规定时间内完成代理服务价格维护及变更，逾期未填报视代理服务费为零，逾期未变更以最后一次有效申报数据为准。

2. 月内合同转让交易

参与合同转让的市场主体无需校核，符合条件的均可参与。交易转让标的为未执行的年度省内直接交易合同电量。合同转让交易应可填报转让电量、电价。出让方通过电力交易平台填报分段电量，经转入方确认后达成交易。出让电量一般不得超出已签订合同电量。交易各方通过自主协商确定交易意向，通过交易平台申报和确认后达成交易出清结果。

售电公司根据其代理零售用户用电计划及交易时段划分，通过电力交易平台分别申报各个代理用户需出让的各月分时段交易电量，且须在规定时间内完成代理服务价格维护及变更，逾期未填报视代理服务费为零，逾期未变更以最后一次有效申报数据为准。

5.3.2 合同变更双边协商交易

合同变更双边协商交易是指在电力市场中,由于市场主体无法履行合同或者有其他原因需要调整合同电量的情况下,由原合同双方协商一致,对部分或全部未执行交易电量进行变更的交易方式。具体流程如下:

(1) 市场主体根据自身需求和市场情况,提出变更申请,并与对方进行协商。

(2) 购电方和售电方就变更电量、价格、补偿价格、违约金等条款达成一致,并达成相关交易。

(3) 合同变更交易合同中可明确补偿价格的构成和计算方法,包括发电环节、输电环节、网损变化和合理补偿等各项费用。补偿价格应反映市场价差和违约成本,既要保障售电方的利益,又要避免过度惩罚购电方。

(4) 合同变更交易合同中可明确规定违约金的标准和支付方式,以防止购售双方再次违约或拖延履行。

(5) 合同变更交易确认后,提交至安全校核机构进行安全校核,以确保交易达成不影响系统安全运行。

现货市场未运行时中长期交易结果需调度进行安全校核,现货市场运行期间中长期交易结果无需调度安全校核。

合同变更双边协商交易业务流程如图 5-2 所示。

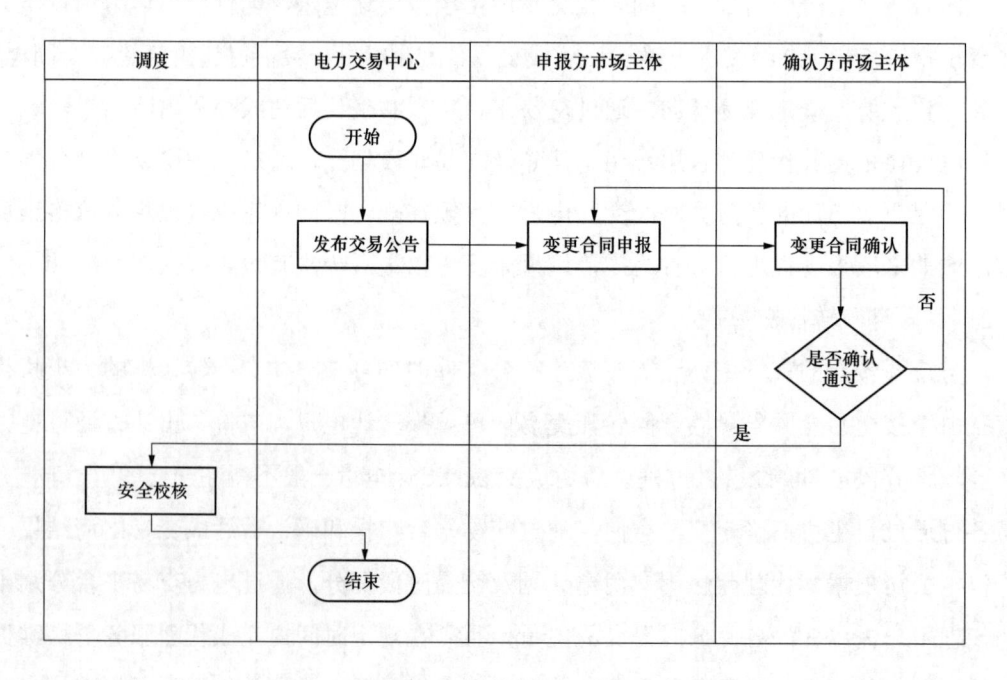

图 5-2 合同变更双边协商交易业务流程图

5.3.3 合同转让集中竞价交易

合同转让集中竞价交易指发电企业和售电公司之间的合同转让。出让方和受让方通过电力交易平台申报相关信息，按照价格优先、时间优先的原则进行出清计算和安全校核，形成最终的交易结果。具体流程如下：

（1）出让方（发电企业、售电公司）需向平台报送电量、价格等信息。

（2）受让方（发电企业、售电公司）需向平台报送电量、价格等信息。

（3）现货市场未运行时，调度机构需对出清计算的无约束结果进行安全校核。

（4）经安全校核生成并公布交易结果。

合同转让集中交易业务流程如图 5-3 所示。

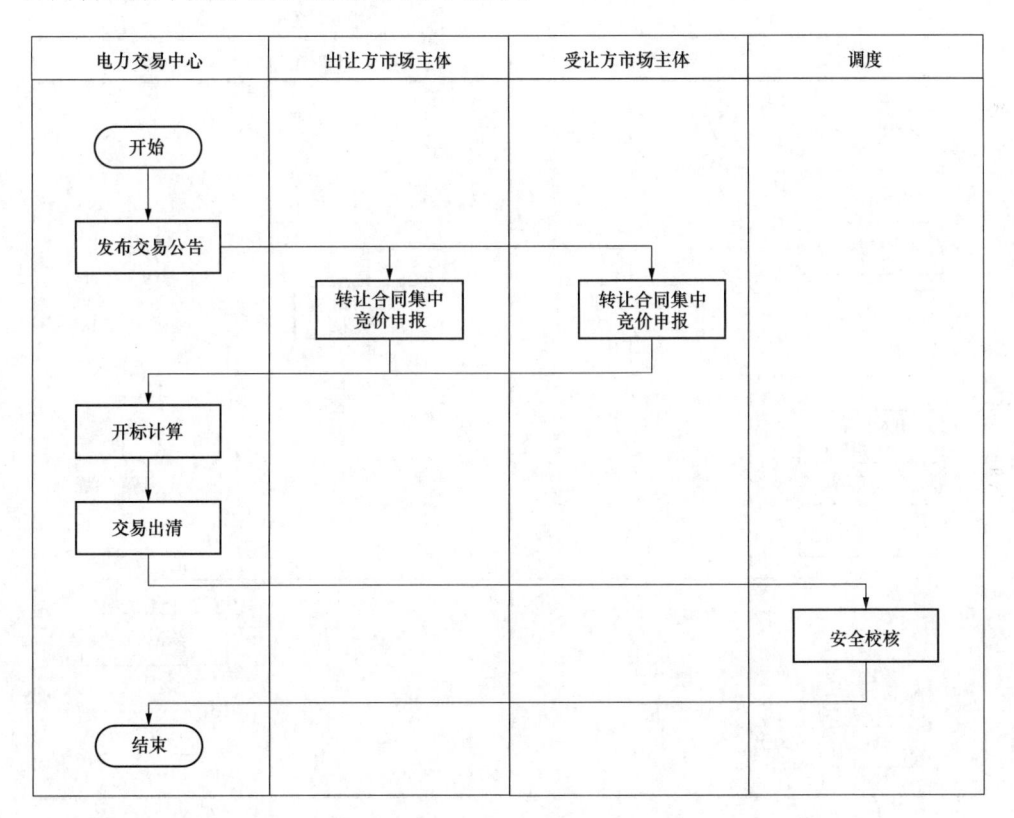

图 5-3 合同转让集中竞价业务流程图

5.3.4 合同转让挂牌交易

合同转让挂牌交易可以有效地促进电力需求和供给之间的平衡，提高市场效率和竞争性。交易中心根据市场交易情况面向所有符合资格的市场主体发布挂牌交易公告，市场主体通过电力交易平台，将需求电量或可转电量的数量和价格等进行申报，由符合资格要求的摘牌方接受该要约邀请或挂牌之后通过电力交易平台撮合计算，出清后形成无约束交易结果。现货市场未运行时，经调度机构安全校核后，形成挂牌交易结果。具体的流程如下：

（1）出让方通过电力交易平台报送受让挂牌申请，注明出让电量、价格等信息。

（2）受让方通过电力交易平台报送出让挂牌申请，注明出让电量、价格等信息。

（3）交易中心通过电力交易平台进行撮合计算，得出无约束出清结果。挂牌交易的出清方式包括统一出清和实时出清两种。交易开标步骤适用于采用统一出清方式的交易，采用实时出清方式的交易无需设置单独的交易开标步骤，购方和售方申报后由系统实时计算交易结果。

（4）安全校核后的出清结果为最终挂牌交易结果。

合同转让挂牌交易业务流程如图 5-4 所示。

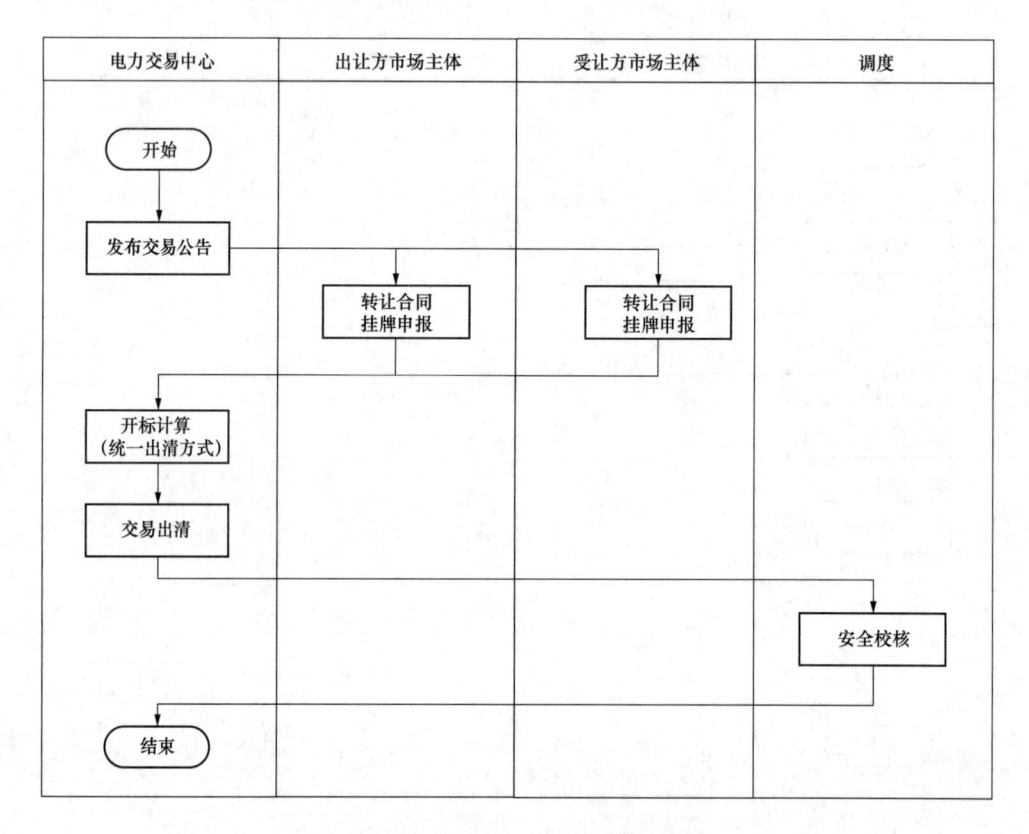

图 5-4 合同转让挂牌交易业务流程图

5.4 发电权交易

5.4.1 发电权双边协商交易

发电权交易也称为发电权转让交易或替代发电权交易，是以市场化方式实现发电机组、发电企业之间合同电量替代生产的交易行为。发电企业通过双边协商交易，出让或受让发电权电量，实现发电企业之间的交易，即：机组将部分或全部发电权电量有偿出让给有剩余发电能力的高效节能环保机组，前者简称为发电权出让机组或发电权出让方，后者简称为发电权受让机组或发电权购入方，一般以年度、季度、月度或周来安排发电权交易。

发电权双边协商交易可采用原时段或分时段方式。分时段方式组织可以将原合同电量分为若干时段并按照不同时段分别申报电量。交易结束后先进行发电权出让成交电量上限核验，对于超出上限电量部分按照与该发电权出让方交易的全部发电企业等比例削减。现货市场未运行时，需由电力调度机构进行发电侧安全校核，依据校核结果形成有约束交易结果。发电权出让方、受让方进行报量报价，按照约定价格作为出清价格。

5.4.2　发电权挂牌交易

发电权挂牌交易是指发电企业在规定的交易起止时间内挂牌发电权出让、受让信息，采用原时段或分时段方式组织，由发电权出让方或发电权受让方对电量、电价进行挂牌，另一方进行摘牌。分时段方式组织可以将原合同电量分为若干时段并按照不同时段分别申报电量。

发电权挂牌交易按照"价格-时间"的优先原则进行撮合交易。交易方式可分为单边挂牌和双边挂牌两种，单边挂牌按照"供方挂牌、需方摘牌"两轮进行，即发电权出让方挂牌时，只能由发电权受让方摘牌。发电权受让方挂牌时，只能由发电权出让方摘牌。双边挂牌按照"供需挂牌、需供摘牌"同时进行，即发电权出让方、受让方只能交叉摘牌。

发电权挂牌交易按照摘牌电量形成无约束交易结果，当摘牌总需求超出挂牌电量规模时按摘牌电量等比例分配交易电量，未成交的电量纳入后续交易统筹考虑。

5.5　需求侧响应交易

电力需求侧响应是指电力用户、负荷聚合商、虚拟电厂等用户侧调节资源针对市场价格或激励机制做出响应，并主动改变常规电力消费模式的市场行为。

交易组织。需求侧响应交易采用日前、日内要约邀请方式组织，要约邀请方为电网企业，响应方为电力直接交易用户、负荷聚合商及虚拟电厂。要约邀请方根据运行日电力缺口预测值确定需求容量、需求时段、需求地区等。响应主体在每个连续需求时段仅申报一份信息，申报内容包括：响应容量、响应时长、响应单元对应响应资源的可响应容量申报补贴单价。日前交易在响应日前一天规定时间内申报信息，日内交易在响应日需求响应启动前规定的时间范围内申报信息。

交易出清。需求响应交易出清按照"价格优先、容量优先、时间优先"原则，先按申报价格由低到高排序；报价相同时，再按容量由大到小排序；容量相同时，再按申报时间次序依次中标。需求响应交易价格采用边际出清定价模式。

结果发布。电网企业按规定的时间要求，向参与主体发布响应交易结果。结果信息分为公有信息、私有信息两部分：其中公有信息包括各时段总响应容量、响应时段等；私有信息包括各主体的响应容量和响应时段等。

交易执行。响应方市场主体基于交易成交结果，根据响应日电网企业需求进行负荷调整（削峰/填谷）。若因天气原因、新能源预测等供需边界改变，预计响应日电力供应满足需求、缺口风险可控，电网企业提前向参与主体发布需求侧响应取消或调减的通知。

需求补偿。需求响应结束后，电网企业对参与交易响应市场主体实际响应情况进行评估，按照规定的评估方法计算响应效果，并给予不同的补偿强度。

需求侧响应交易业务流程如图 5-5 所示。

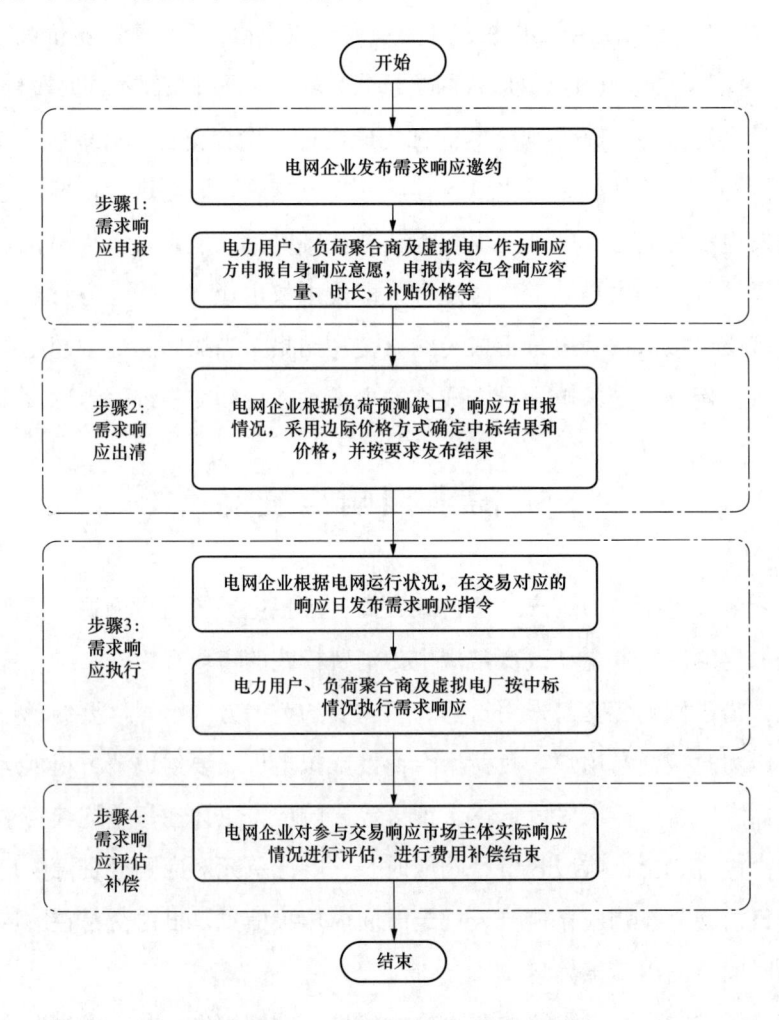

图 5-5 需求侧响应交易业务流程图

5.6 预挂牌交易

预挂牌交易结果主要用于上调、下调、应急等与电网平衡紧密相关的需"紧急"应对的交易场景。目前预挂牌交易使用较多的是发电侧的预挂牌上调交易与下调交易。

当系统月度实际用电需求与月度发购电计划、可再生能源实际发电需求与月度发电计划等存在偏差时,通过发电侧上下调预挂牌机制进行处理。但火电、水电等可控性电源参与上下调时主要是为了解决电网平衡问题,而风电、光伏等随机性电源参与上下调主要是为了解决新能源消纳问题。

5.6.1 预挂牌上调交易

发电侧预挂牌上调交易,是指通过交易形成各个上调机组的调用排序,以便各类合同电量的分解执行无法满足省内供需平衡时,电力调度机构按照上调机组调用排序增加发电出力,确保发用电的实时平衡,由发电企业通过"报价不报量"的方式进行挂牌,由电力调度机构根据平衡需求确定摘牌电量。

发电企业在规定的时间内申报上调(增发)价格(即单位增发电量的售电价格)。以"价格优先(低价优先)、环保优先(大机组优先)"为原则,确定次月上调机组调用排序。预挂牌交易结束后,电力交易机构将上调机组调用排序提交电力调度机构,并封存上调电价数据用于事后结算。若已开展分时段交易,则预挂牌上调交易也需分时段分别申报及出清。

根据当月电力电量平衡预测,各类合同电量的分解执行无法满足省内供需平衡时,在满足电网安全约束和机组安全约束的前提下,电力调度机构按照上调机组调用排序增加发电出力,确保发用电的实时平衡。已报价上调能力用尽后,可以对未报价的机组实行强制上调。

发电企业的上调电量,按其上调报价结算,不计入偏差电量,由实际上网电量扣减合同电量、自身原因超发电量后的电量视为上调电量。

5.6.2 预挂牌下调交易

发电侧的预挂牌下调交易,是指通过交易形成各个下调机组的调用排序,以便各类合同电量的分解执行无法满足省内供需平衡时,电力调度机构按照下调机组调用排序减少发电出力,确保发用电的实时平衡,由发电企业通过"报价不报量"的方式进行挂牌,由电力调度机构根据平衡需求确定摘牌电量。

通过预挂牌交易确定次月下调机组调用排序,以"价格优先(低价优先)、环保优先

（小机组优先）"为原则，与上调出清明显区别的是相同条件时优先下调未达到环保要求的机组出力。预挂牌交易结束后，电力交易机构将下调机组调用排序提交电力调度机构，并封存下调电价数据用于事后结算。若已开展分时段交易，则预挂牌下调交易也分时段分别申报及出清。

根据当月电力电量平衡预测，各类合同电量的分解执行无法满足省内供需平衡时，在满足电网安全约束和机组安全约束的前提下，电力调度机构按照下调机组调用排序减少发电出力，确保发用电的实时平衡。已报价下调能力用尽后，可以对未报价的机组实行强制下调。

下调报价一般为申报单位下调电量的补偿电价，发电企业结算时下调电量不计入合同结算电量，而是直接计算其下调电量的补偿费用。

发电企业因自身原因少发电量不计入下调电量。

6 现货交易

电力现货市场是指电力平衡区内的市场主体开展日前、实时、日内（目前各省暂未开展）电能量交易的市场。电力现货市场通过竞争形成发电机组出力及分时出清价格，并配套开展调频、备用等辅助服务交易。本章内容以"集中式"现货市场模式为参考，电力平衡区域一般为省实体。

6.1 日前市场

日前市场一般指在电能量交割前一天开展的针对次日 24 小时的电能量交易，一般以 15 分钟为一个交易时段，部分省份还以 5 分钟、30 分钟或 1 小时为一个交易时段。

日前市场的定价机制一般为节点边际电价，部分省份还采用系统边际电价、分区边际电价和基于节点边际电价的区域电价等模式。

日前市场一般采用集中竞价、统一出清机制，具体采用安全约束机组组合（SCUC）、安全约束经济调度（SCED）数学模型进行优化计算（新能源装机较大的省份，为避免机组启停次数过多，往往采用多日安全约束机组组合），以全网发电成本最小化为目标，出清得到日前电能量市场交易结果。日前市场出清模型约束一般包括系统负荷平衡约束、系统旋转备用约束、机组出力上下限约束、机组爬坡约束、线路/断面潮流约束、新能源机组出力约束等内容。

日前市场结果发布一般在竞价日 17:30 前，市场运营机构将程序计算的日前电能量市场交易出清结果通过电力交易平台向市场发布，包括次日 24 小时的机组开停计划、发电计划曲线、分时节点电价等信息。

6.2 实时市场

实时市场一般指在电能量交割前 1 小时开展的电能量交易，实时市场的交易时段一般与日前市场相同，以 15 分钟为一个交易时段，部分省份以 5 分钟为一个交易时段。

实时市场的定价机制一般与日前市场相同，以节点边际电价为主，部分省份采用系统边际电价、分区边际电价和基于节点边际电价的区域电价等模式。

实时市场一般采用集中竞价、统一出清机制，以全网发电成本最小化为目标，通过安全约束经济调度（SCED）数学模型进行优化计算，出清得到实时电能量市场交易结果。实时市场一般采用日前市场封存的申报信息进行出清，各市场主体在实时市场中不再进行再次申报。

实时市场结果发布按 1 小时或 15 分钟滚动发布，通过电力交易平台发布各机组的中标出力、各节点出清电价等信息。次日，通过电力交易平台发布运行日实时市场的实际执行结果，作为结算依据。

6.3 现 货 申 报

现货市场按日连续运行，发电侧一般以机组为单位，用电侧一般以交易单元为单位，按日在电力交易平台进行交易申报。

采用多日（一般为 3 日）安全约束机组组合的省份，日前现货滚动申报运行日起未来 3 日数据，某运行日申报数据以连续 3 日申报中最后一次申报为准，实时现货交易延用日前现货市场封存的发电机组申报信息。

6.3.1 燃煤机组现货申报

燃煤机组现货申报交易信息包括价格信息与约束信息。其中，价格信息一般包括：机组启动价格（元/次）、电能量价格（元/MWh）、空载价格（元/小时）。约束信息一般包括：分时段运行上下限，分时段爬坡速率，最小在线运行时间，最小停机时间等。

发电机组的电能量报价为全天一条单调非递减的电力-价格曲线，一般采用固定段数申报与自由选择段数申报两类。其中自由选择段数申报，一般可自由选择 3～10 段进行申报。每段需申报出力区间起点（MW）、出力区间终点（MW）以及该区间的能量价格（元/MWh）。

最小稳定技术出力不为零的机组，第一段出力区间起点为机组申报分时段运行下限的最小值，最后一段出力区间终点为机组的可调上限出力，每一个报价段的起始出力点必须为上一个报价段的出力终点。每个报价段的长度一般不小于 1MW。每段报价的电能量价格均不可超过申报价格的上限和下限限制。

6.3.2 新能源机组申报

新能源机组参与日前市场的模式一般有"报量报价"与"报量不报价"两种模式。新能源机组参与实时市场一般采用超短期功率预测系统数据，不单独组织申报。

其中，新能源机组"报量报价"方式一般需申报两组信息。其中，新能源机组以日为单位申报电能量价格（元/MWh），报价方式与燃煤机组现货申报交易模式一致。除此之外，新能源机组还需申报次日各时段发电功率预测电量（MWh），作为新能源机组出力上限约束。

新能源机组按照"报量不报价"的方式参与现货交易，需按日申报次日各时段发电功率预测，不申报价格。

6.3.3 用电侧申报

用电侧主体参与日前市场一般采用"报量不报价"模式，具备负荷调节能力的用户，负荷可调节部分采用"报量报价"模式参与现货市场。用电侧申报主体一般为售电公司与直接参与批发市场的电力用户。用电侧参与实时市场一般采用超短期负荷预测系统数据，不单独组织申报。

用电侧主体在日前申报其运行日的分时用电量需求（MWh），作为日前电能量市场出清的边界条件，纳入日前出清计算。采用节点/分区边际电价且具备条件的地区，售电公司等主体还可分节点/分区申报电量。

具备负荷调节能力的用户以"报量报价"方式参与，采用与发电侧相反的报价方式，即申报分时可调节负荷上下限及递减的多段用电电力-价格曲线，按照"负发电"模式参与现货市场出清，形成现货运行日用电计划曲线。

拥有自备机组的电力用户，在 $D-2$ 日获取自备机组发电计划后，调整其中长期曲线，并于 $D-1$ 日申报其运行日的分时用电量需求曲线。

6.3.4 虚拟电厂申报

负荷侧虚拟电厂参与现货市场，以"报量报价"方式参与，采用与发电侧反向报价的方式，申报全天用电负荷上下限以及一条递减的若干段电力-价格曲线，按照"负发电"模式参与现货市场出清，形成现货运行日用电计划曲线。

6.3.5 缺省申报

1. 燃煤机组缺省

参与现货电能量市场交易的燃煤机组未按时申报，在申报时间截止后，系统采用默认量价参数进行出清，默认量价参数由市场主体事前自行配置。

2．新能源机组缺省

新能源机组未按时申报，在申报时间截止后，系统按所有时段出力为 0 缺省。

3．用户侧缺省

用户侧未按时申报，在申报时间截止后，系统按照其运行日所持有的中长期合约总加曲线（中长期合约分时电量合计值）进行缺省。

6.4 业 务 流 程

现货交易业务流程如图 6-1 所示。

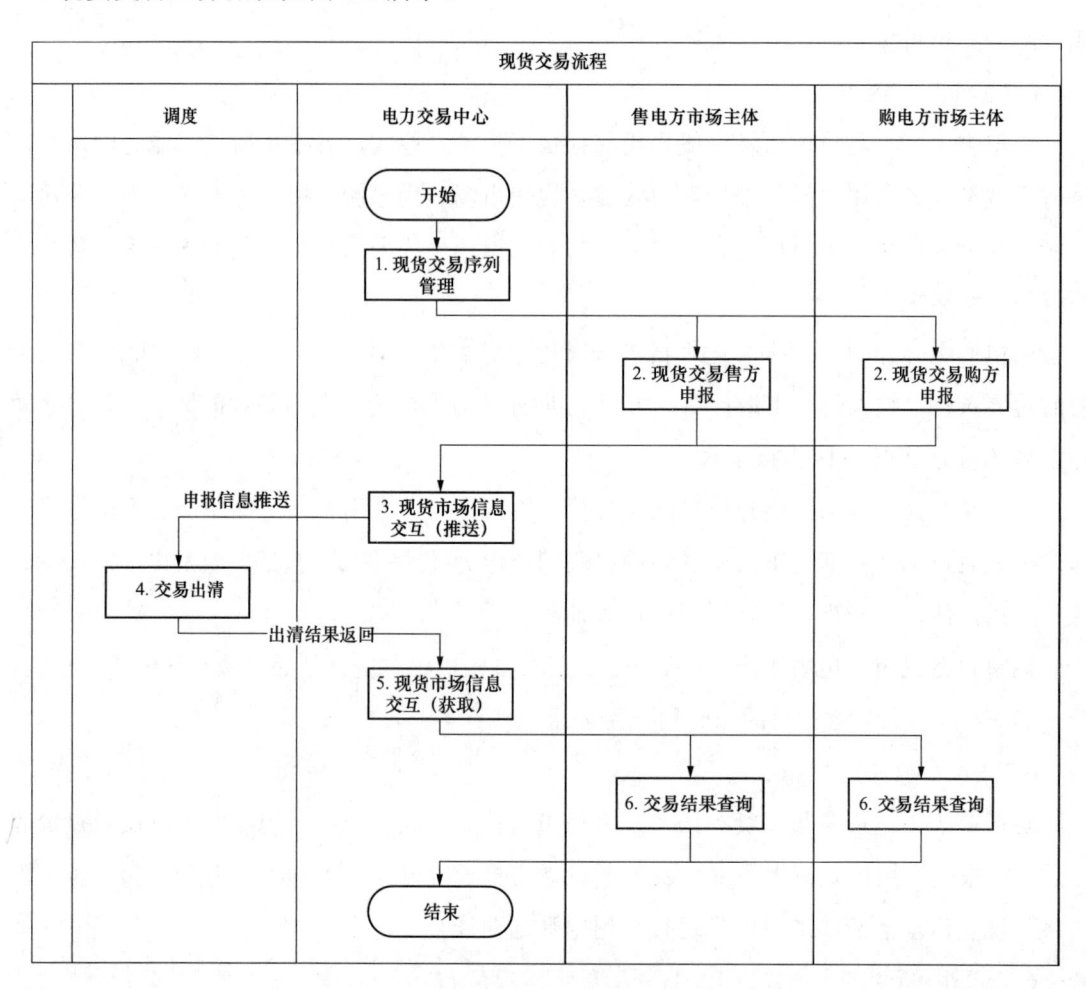

图 6-1 现货交易业务流程图

7 零售交易

零售交易是售电公司与零售用户之间开展的电能量交易,实现电力批发市场、电力零售市场价格的有效传导与零售电力用户对市场价格信号的有效响应。零售交易与电力批发交易共同组成省内电能量市场。电力市场结构如图 7-1 所示。

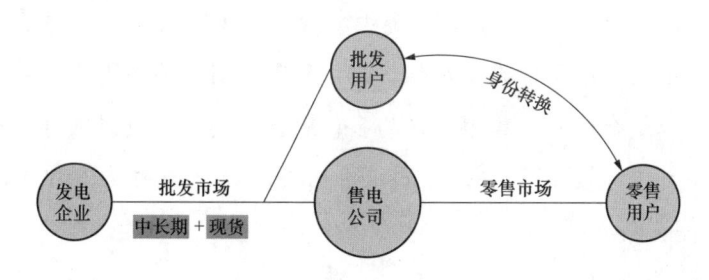

图 7-1 电力市场结构

零售交易的交易双方一般为售电公司和零售用户。零售交易的交易标的物为零售用户在交易期内的全部用电量,零售用户在同一时间范围内仅可与一家售电公司达成零售交易,其全部用电量通过该售电公司进行购买。零售交易组织方式一般以电商化的零售商城挂牌交易为主,双边协商为补充。交易组织周期有长期开市、执行月前截止与定期组织等。零售交易价格通过零售套餐形式体现,零售套餐由交易双方双边协商约定或售电公司通过零售商城自主上架。零售交易标的周期包括月、多月、年、多年等时间维度,最小颗粒度一般为月度,部分省份也存在季度或年度。售电公司零售交易额度主要由履约保障凭证(包括履约保函、保险、保证金)与售电公司资产总额控制。

7.1 零售套餐

零售套餐是售电公司与零售用户约定售电价格及售电资费标准的商品,主要内容包括零售价格、偏差处理方式、组合计算逻辑关系、解约方式等关键信息,一般可分为固定价格、服务费、市场联动、价差分成/分担、组合五类。另外,通过双边协商交易达成交易意向还可将双方约定的其他信息备案至交易中心。

7.1.1 零售套餐分类

（1）固定价格类。固定价格套餐是指售电公司与零售用户约定某一时段或全时段固定交易结算价格，即一口价模式。该价格不随售电公司在批发市场交易价格变动，包括不分时段固定价格、分时段固定价格、阶梯价格等套餐。

（2）服务费类。固定服务费套餐是指售电公司与零售用户约定代理服务费，即在售电公司批发市场结算均价的基础上增加固定服务费作为零售电价。

（3）市场联动类。市场联动类套餐是指售电公司与零售用户约定实际零售价格参照市场某一公开的基准价格按月浮动，浮动比例可设置上下浮动参数，基准价格可参考中长期交易结算均价、代理购电价格、售电公司整体购电均价、现货市场结算价格等。

（4）价差分成/分担类。价差分成/分担类套餐是指售电公司与零售用户约定分成基准价和分成比例。当批发市场价格高于基准价时，售电公司与零售用户共同分担超出部分；当批发市场价格低于基准价时，售电公司与零售用户共同分成收益部分。

（5）组合类。组合类零售套餐是在固定价格类、固定费率类、市场联动类、价差分成/分担类套餐中任选两类进行组合。

7.1.2 偏差电量处理方式

售电公司上架事前约定零售电量的零售套餐时，需明确偏差传导价格或正、负偏差电量电能量价格；零售用户在购买事前约定零售电量的零售套餐时，需将各月零售交易约定电量提交至电力交易平台。分时段约定价格的零售套餐应按照分时段约定零售电量。

同时，事前约定零售电量的零售套餐还可明确正、负偏差免除比例。对于正、负偏差免除比例在规则中明确的省份，该免除比例按照规则取值；对于可由市场主体自行约定免除比例的省份，一般由售电公司在上架套餐时明确该参数，双边协商交易方式的免除比例由交易双方确定。

在获取零售用户市场化用电量后，结合事前约定的零售交易电量及正、负偏差免除比例，可计算出正偏差电量或负偏差电量。即当零售用户市场化用电量大于零售约定电量×（1＋正偏差免除比例）时，形成正偏差电量；当零售用户市场化用电量小于零售约定电量×（1－负偏差免除比例）时，形成负偏差电量。

7.1.3 解约方式

售电公司可在零售套餐中确定解约方式，包括双方协商解约、支付违约金解约两种解约模式。

（1）双方协商解约。零售用户购买的零售套餐为双方协商解约时，若双方需提前终止合同，须通过电力交易平台由一方发起，另一方确认，正式终止后续零售关系。

（2）支付违约金解约。售电公司可在零售套餐中配置单方解约条款。售电公司或零售用户购买具备单方解约条款零售套餐的情况下，每月零售交易截止时间前，可依据相应条款解除协议，并按照合同约定支付违约责任费用给合同对方以终止零售关系。违约责任费的计算价格一般按照度电价格约定，提前解绑的月份数、月电量等参数计算。按照各省规则要求，可设置售电公司不得发起该解约方式，同时对违约价格可设置度电上限价格。

7.1.4 其他参数

标的周期指零售套餐可向零售用户售电的期限范围，包括交割起始月和交割终止月，一般以月为单位，周期最短为 1 个月，超过 1 个月应为其整数倍。

零售套餐可设置具体的约束条件，包括最大/小购买月份数、用户月均电量最大/小约束、用户电压等级范围、是否允许执行中变更、是否允许发起双边协商议价等。

7.2 零售交易额度

售电公司可售电量应同时满足资产总额年售电量、履约保障凭证计算的电量额度。

履约保障凭证方面，售电公司过去 12 个月市场交易总电量，按标准不低于 0.8 分/kWh 或过去 2 个月内参与批发、零售两个市场交易电量的大值，按标准不低于 5 分/kWh。

资产总额方面，资产总额在 2 千万元至 1 亿元（不含）人民币的，可以从事年售电量不超过 30 亿千瓦时的售电业务。资产总额在 1 亿元至 2 亿元（不含）人民币的，可以从事年售电量不超过 60 亿千瓦时的售电业务。资产总额在 2 亿元人民币以上的，不限制其售电量。

7.3 零售交易流程

7.3.1 售电公司基本信息

售电公司注册完成后，可在基本注册信息的基础上，上传店铺标识和店铺招牌图片，维护店铺联系方式，对店铺的展示样式进行美化。

7.3.2 套餐配置

零售套餐配置可以分为基本信息、分月套餐配置、标签配置和约束条件配置等步骤。

（1）基础信息。上传零售套餐商品的标签图，设置可购买时间、套餐类型、配置人等基础信息。

（2）分月套餐配置。配置可购买时间内每个月零售套餐中的电价及电量参数。

（3）标签配置。配置零售套餐是否允许执行中变更、是否可解约。

（4）约束条件配置。配置零售套餐的约束条件，包括是否允许议价、最小购买周期、最大购买周期、最大销售量、用户最大/小用电量门槛、用户电压等级等。

套餐配置流程见图7-2。

7.3.3 零售套餐上/下架

零售套餐上架是指售电公司将其编制完成的零售套餐在电力交易平台挂牌的行为。零售套餐下架是指售电公司将其已挂牌的零售套餐撤牌的行为。

零售用户已完成下单确认及已发起下单流程的零售套餐，不受零售套餐下架的影响。零售套餐上架前需完成预校核，预校核通过的零售套餐可由售电公司自主进行上架操作。

7.3.4 零售用户下单确认

零售用户下单确认是零售用户通过电力交易平台进行零售套餐选择的行为。

零售用户通过电力交易平台浏览售电公司已上架的零售套餐，在零售交易允许时间范围内进行下单确认操作。零售用户下单时需选择零售套餐及购买标的月，下单购买含偏差处理方式的套餐时，需填写分月/分时零售电量值。

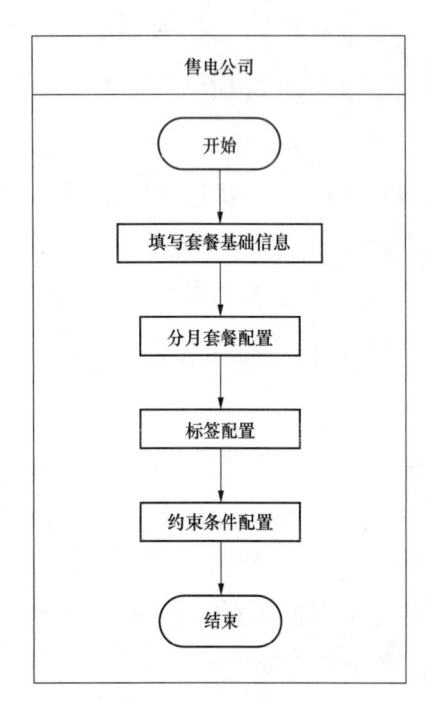

图7-2 套餐配置流程

下单时需满足零售套餐各项约束条件。零售套餐各项约束条件包括统一基础约束条件与零售套餐自定义约束条件。其中，统一基础约束条件为零售交易基本要求有关内容。零售套餐自定义约束条件为零售套餐关键条款中最大/小购买月份数、用户月均电量最大/小约束、用户电压等级范围等内容。

7.3.5 双边协商

双边议价协商交易，在标准零售套餐基础上可通过双边协商方式修改零售套餐内容，经双方确认后生效，通过双边议价协商形成零售套餐仅协商双方可见。

下单时需满足零售套餐各项约束条件。零售套餐各项约束条件包括统一基础约束条件与零售套餐自定义约束条件。其中，统一基础约束条件为零售交易基本要求有关内容。零售套餐自定义约束条件为零售套餐关键条款中最大/小购买月份数、用户月均电量最大/小约束、用户电压等级范围等内容。

7.3.6 交易结果发布

售电公司与零售用户签署零售合同后,即可成交,零售交易结果原则上不进行安全校核。

7.3.7 事后评价

零售用户对成交的零售交易进行评价。

零售交易流程见图7-3。

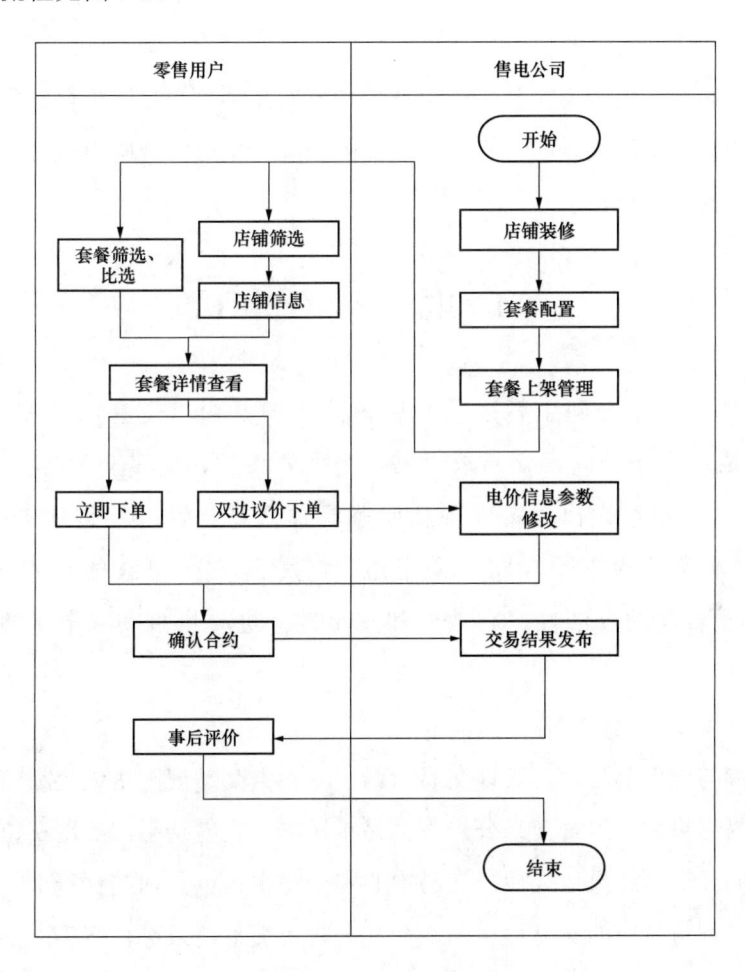

图 7-3 零售交易流程

8 合同管理

交易结果发布后,由电力交易平台根据各类不同品种的交易结果自动生成合同,并分类管理。根据交易结果生成以购售双方为主体的合同,生成的合同中包含电量、电价、市场主体、交易单元等信息。

8.1 电子合同

电力交易平台电子合同主要采用两种模式:一是由"交易承诺书+交易公告+交易结果"组成的电子合同,交易承诺书作为一般条款,明确交易各方的基本权利义务,交易公告、交易结果作为特殊条款明确具体交易要素;二是基于标准化合同范本生成合同文本模式的电子合同,采用电子签章等安全可靠的技术手段签署电子合同,保障电子合同的合法性、有效性和安全性,进一步落实"电子签""规范签"要求。

8.1.1 组合模式电子合同

市场主体参与电力交易前,签订交易承诺书,根据交易规则达成交易结果,在电力交易平台生成交易结果后,组合交易公告+交易承诺书+交易结果,实现三位一体"组合模式"的电子合同。交易结果达成后,交易中心和交易主体可分别进行查询,电力交易平台自动按照交易序列将对应的交易承诺书、交易公告、交易结果进行归集。由交易承诺书+交易公告+交易结果组成的电子合同,能够构成完整的合同内容,交易承诺书根据合同内容编制,权利义务在交易承诺书中明确。

8.1.2 合同文本模式电子合同

电力交易合同采取合同书形式订立电子合同,实现电力交易平台自动生成电力交易电子合同,主要适用于售电公司与零售用户之间签订的合同。

8.2 绿电合同管理

8.2.1 绿电合同签订

电力用户或售电公司与发电企业签订绿色电力交易合同,应明确交易电量(电力)、电价(包括电能量价格、绿色电力环境价值)及绿色电力环境价值偏差补偿等事项,售电公司与电力用户签订的零售合同中也应明确上述事项。市场主体应事先明确绿色电力环境价值偏差补偿方式,并列入合同条款。对于双边协商交易,由购售双方自行约定;对于挂牌、集中竞价交易,按照交易合同中明确的绿色电力环境价值与偏差电量进行费用补偿。

8.2.2 绿电合同调整

绿色电力交易可根据中长期规则、省间细则、省内交易规则的相关规定,在合同各方协商一致、并确保绿色电力产品可追踪溯源的前提下,按月或更短周期开展合同转让等交易,以促进合同履约。合同转让等交易需要通过电力调度机构安全校核。

8.2.3 绿电合同执行

在非现货市场运行地区,同一交易周期内参与绿色电力交易的发电企业对应合同电量,在保障电网安全稳定运行的前提下,由相应电力调度机构予以优先安排,保证交易结果优先执行。在现货市场运行地区,绿电交易作为中长期合约按照现货市场规则执行,并按市场规则进行结算。

8.2.4 绿电零售合同分解

售电公司可对绿电合同进行分解,按照月份和时段分解至相关零售用户。各省电力交易机构可根据售电公司分解的零售合同与省间、省内结算规则开展绿色电力交易结算工作。

8.2.5 绿电合同存证溯源

将绿电批发合同、绿电零售合同分解等信息推送至区块链平台进行映射和关联,可实现直接生成绿色电力消费凭证的能力,能够有效防止合同信息和结算数据的篡改,为合同管理和绿电溯源提供了可靠的技术支持。

8.3 零售合同管理

8.3.1 零售合同查询

电力交易中心可以通过电力交易平台查看售电公司与零售用户签订的零售合同。售电公司、零售用户也可在交易平台查看代理、绑定的零售合同。查询信息包括零售套餐类型、合同量价信息、偏差处理方式等内容。

8.3.2 零售合同变更管理

当零售套餐中含有允许执行中变更等相关条款时，零售合同可在双边协商的基础上进行变更，可变更的零售合同参数包括次月及后续月份的零售套餐（含量、价、费参数），合同条款的变更校验条件与下单时保持一致。零售合同的变更由其中一方发起，当零售双方均确认同意变更零售合同参数时，零售合同对应参数变更生效。

以零售用户为合同变更发起方的零售合同变更流程见图8-1。

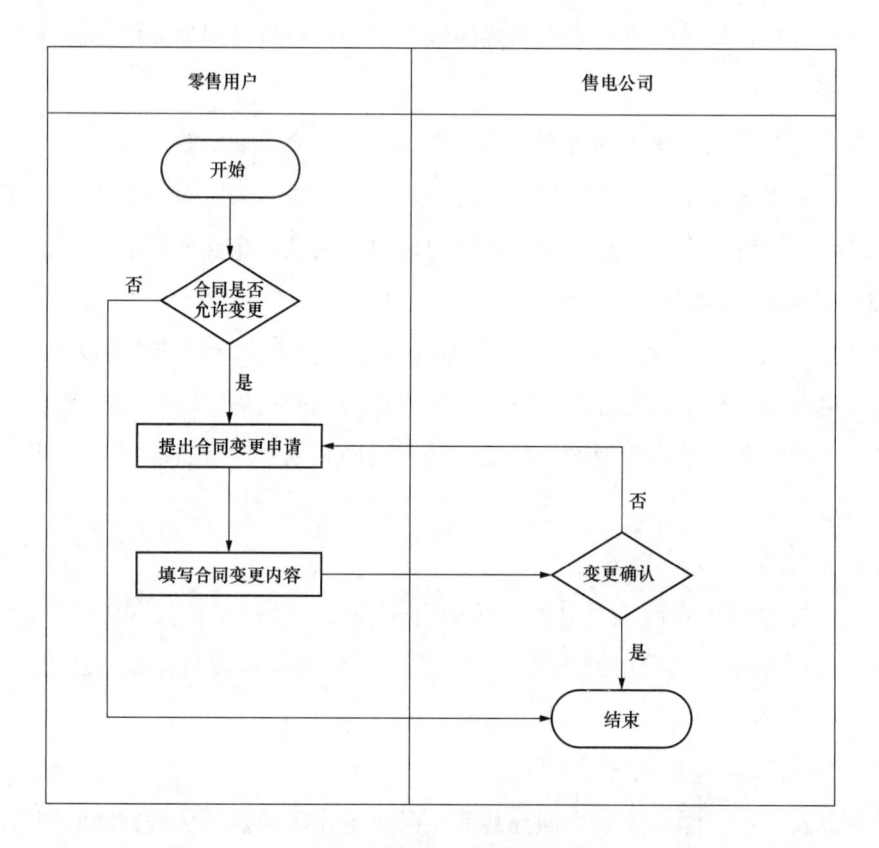

图8-1 零售合同变更流程图

8.3.3 零售合同解除管理

因市场主体宣告破产、不再用电等原因，售电公司或零售用户无法继续执行合同的，双方经协商一致并妥善处理全部合同义务后，按照要求在规定时间内办理完成零售合同冻结。

零售合同解除流程见图8-2。

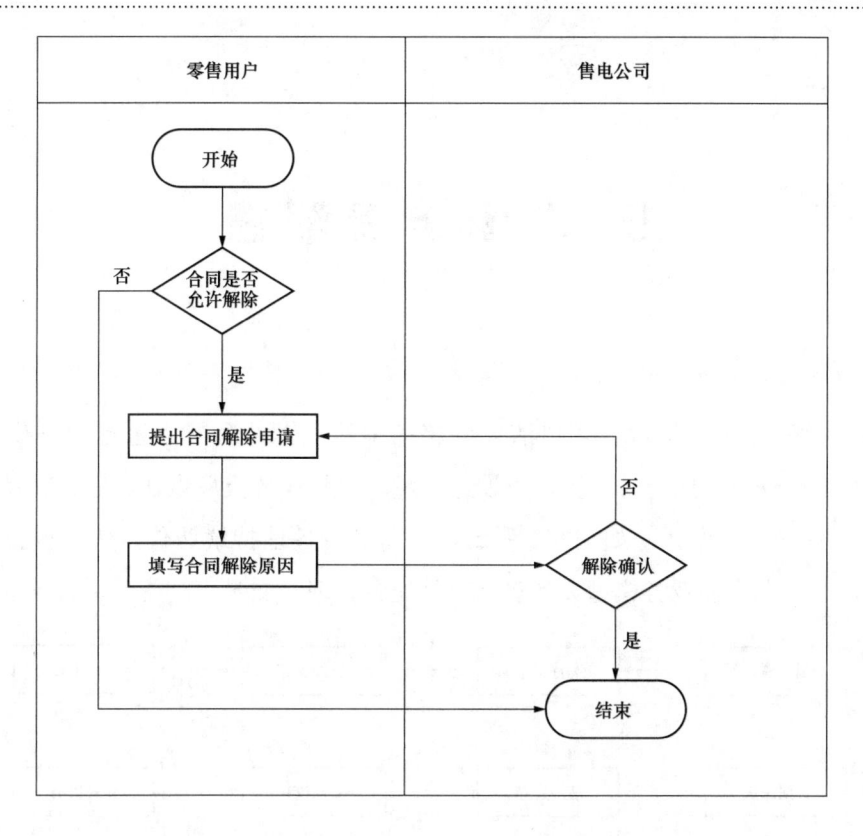

图 8-2 零售合同提前解除流程图

9 市场出清配置

市场出清配置主要是对市场出清业务流程中的关键业务节点进行配置化设计，如图 9-1 所示。形成中长期交易业务模型设计、现货交易业务模型设计、零售交易业务模型设计和合同业务模型设计，如图 9-2 所示，从而适应各地持续迭代、快速调整的业务需求。其中，中长期交易业务模型设计包括交易配置管理、交易序列管理、公告发布、交易

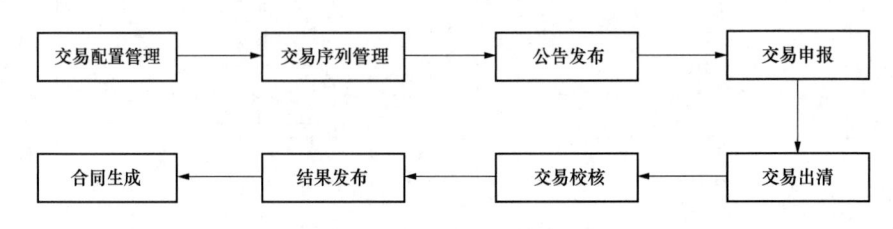

图 9-1 市场出清标准化流程

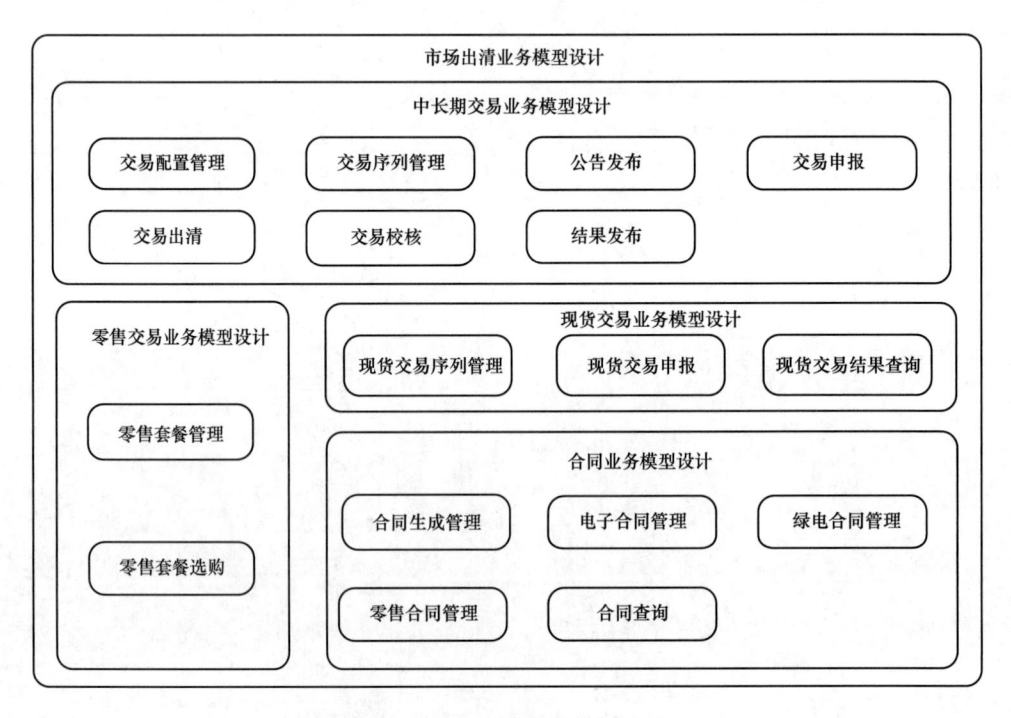

图 9-2 市场出清业务模型设计

申报、交易出清、交易校核和结果发布 7 个业务项；现货交易业务模型设计包括现货交易序列管理、现货交易申报、现货交易结果查询 3 个业务项；零售交易业务模型设计包括零售套餐管理、零售套餐选购 2 个业务项；合同业务模型设计包括合同生成管理、电子合同管理、绿电合同管理、零售合同管理、合同查询 5 个业务项。

10 中长期交易业务模型设计

10.1 交易配置管理

10.1.1 业务项描述

交易配置管理支持从交易品种、交易方式等维度对各类中长期交易进行配置。省级电力交易平台交易品种包含电力直接交易、合同转让及变更交易、发电权交易、预挂牌交易、需求侧响应交易等。具体业务子项包括交易参数配置、交易品种配置、交易单元管理、交易条款管理、交易单元标定管理、申报规则管理、出清规则管理、交易流程管理、页面显示管理等。

10.1.2 业务子项

10.1.2.1 交易参数配置

1．业务子项描述

交易参数配置用于维护交易模块的基本参数信息，包括条款参数、申报规则参数、交易品种编码、页面编码、流程节点定义等内容。参数由电力交易平台根据各省业务需要初始化或电力交易平台升级生成，通常不需要各省手工维护，升级时特殊说明的参数，需要各省根据要求维护。

2．工作要求

（1）交易参数支持动态添加。

（2）交易参数信息按需配置。

3．工作内容

（1）可新增交易参数。

（2）创建交易条款时，交易条款信息从此功能选择。

（3）创建标定规则时，规则信息从此功能选择。

（4）创建申报规则时，申报规则信息从此功能选择。

（5）创建出清规则时，出清规则信息从此功能选择。

10.1.2.2 交易品种配置

1. 业务子项描述

交易品种配置功能支持交易品种在规定的范围内按照交易规则要求灵活调整，每个交易品种下可按交易形式新增子品种。每个交易子品种的具体流程可以按交易规则要求配置。

交易品种包含电力直接交易、合同转让及变更交易、发电权交易、预挂牌交易、需求侧响应交易等。

电力直接交易的购方为直接交易用户或售电公司，售方为发电企业，支持按价差模式和直接交易电价申报，支持按报价撮合法和边际电价法出清。

合同转让及变更交易是指在不影响相关方利益的前提下，通过市场化交易方式实现市场主体之间合同电量的有偿出让和买入。合同转让及变更交易包括合同转让交易、合同变更交易等。合同转让交易分为发电侧合同转让和用户侧合同转让。

发电权交易也称为发电权转让交易或替代发电交易，是以市场方式实现发电机组、发电厂之间优先发电合同电量替代生产的交易行为。发电权交易的购售方均为发电企业，申报时支持申报发电量和上网电量两种方式。

预挂牌交易是用于开展发电企业上下调预挂牌交易，便于调度在保证电网安全基础上，依据上调、下调的机组排序进行调度调整偏差。交易中心于申报结束后当日，对预挂牌交易申报信息进行封存，并提交至调度用于月内实际调度执行。调度在月度交易执行时，基于预挂牌所形成的优先中标序列，在满足安全的基础上，分别调度相应发电机组。月度交易结束后，调度将预挂牌执行结果反馈至交易中心进行信息公布。预挂牌交易的购方为电网企业，售方为发电企业，以挂牌形式组织。

需求侧响应交易按照年度响应方案确定的响应量的 150%作为响应需求，通过电力交易平台向市场主体挂牌，交易需申报响应量和补偿价格，按照统一出清方式进行出清。当用户侧需求响应（申报负荷和补偿电价）时，需由售电公司代替零售用户或零售用户自己填报负荷及补偿电价，由售电公司填报负荷及补偿电价需推送至零售用户侧进行确认，当用户确认无误后提交交易中心进行出清。如对推送的负荷及补偿电价存有异议，则零售用户可不同意，返回售电公司重新填报。

2. 工作要求

（1）交易子品种可以按需增加。

（2）交易子品种的流程可以按需配置。

3. 工作内容

（1）可新增交易子品种。

（2）新增交易子品种后配置交易子品种的详细信息。

（3）创建交易序列时的交易子品种，从该功能选择。

10.1.2.3　交易单元管理

1．业务子项描述

交易单元是交易过程中最基本的交易元素，交易的电量电价以及合同都对应到交易单元上。一个市场成员可包含多个交易单元，当市场服务模块市场主体、机组、计量点、用电单元等主体发生新增、退市、变更等业务时，会将变更信息推送到交易，可通过此消息快速创建、变更交易单元。

2．工作要求

市场主体若退市、暂停交易资格则其交易单元暂不可参与市场化交易。

3．工作内容

（1）可新增交易单元，设置交易单元关联的市场主体以及机组、计量点等信息。

（2）新增交易单元后，维护交易单元生效、失效时间，以及启用状态。

（3）创建交易序列时的交易单元，从该功能选择。

10.1.2.4　交易条款管理

1．业务子项描述

交易条款管理主要维护除申报、出清、交易单元标定外的交易条款信息，如：电量精度、电价精度、是否分时间段、分时段数量、是否价差模式等；菜单项管理主要维护曲线类型、申报方、挂牌方、电量精度、电价精度、合同转让类型等交易基础数据信息。

2．工作要求

可针对不同的交易子品种设置交易条款信息。

3．工作内容

从条款规则库中选择交易子品种需要用到的条款并填写数据类型及辅助信息。

10.1.2.5　交易单元标定管理

1．业务子项描述

标定的交易单元可以通过标签复制、按标定规则方式获取，可以采用单种方式，也可搭配使用来维护标签。需维护规则名称、规则编码、规则类型、规则应用方、规则注册时间和规则场景信息。

交易单元标定规则方式适用于可以按照条件筛选的情况。发电企业可以按地理区域、商业性质、机组额定容量、业务场景、停运日期、发电类型、所属发电集团等；电力用户可以按地理区域、业务场景、电力用户类型、电压等级等。

2．工作要求

（1）提供便捷的标签功能。

（2）提供简化交易单元标定规则维护的方案，例如复制等功能。

3．工作内容

（1）标签维护时支持按规则获取。修改交易序列管理中的交易单元标定，通过勾选标签抽取交易单元及标签描述信息。

（2）整个标签维护、修改及抽取的过程都需要详细记录操作类型、操作人、时间等信息，做到可追溯。

10.1.2.6　申报规则管理

1．业务子项描述

申报规则管理支持为不同交易品种单独配置申报规则，每个交易子品种对应一种申报规则，申报规则中可以维护与申报规则相关的申报参数。每个申报规则可根据具体业务需求对申报规则参数进行自由组合。申报规则主要包含以下三类：

（1）申报信息：是否申报电量、电量关口、电价关口等。

（2）申报量价限制：阶梯申报段数、阶梯电量比例上限、阶梯电量比例下限、阶梯价差下限、阶梯段电量相同等。

（3）申报形式：是否申报电价曲线等。

2．工作要求

（1）支持市场主体按照申报规则申报交易信息。

（2）支持按照交易子品种配置不同的申报规则。

3．工作内容

（1）每个交易子品种都可以维护申报规则，申报规则根据需要可以维护若干个申报参数。

（2）从申报规则库中选择交易子品种需要用到的申报参数。

10.1.2.7　出清规则管理

1．业务子项描述

出清规则管理是为交易出清环节的算法计算服务的。交易出清规则提供规则可配置的算法包、可自定义的排序因子，支持配置相关出清参数。

算法包：每个交易品种提供一个规则可配置的算法包。

排序因子：包括申报价格、申报时间、权重系数、用电电压等级、容量等级、单机容量、剩余申报电量等。

出清参数：包括价格出清方式、同等排名时购方电量分摊方式、同等排名时售方电量分摊方式、同等排名间隔时间、最小成交电量、是否启用供需比、供需比系数等。

2．工作要求

（1）支持按出清规则出清。

（2）排序相同时选择分摊方式分摊电量。

3．工作内容

（1）出清规则管理支持交易出清环节中的出清规则配置、排序因子定义、出清算法选择。

（2）一个交易子品种可对应多个出清规则，一个出清规则可配置多个排序因子和多个出清参数，但一个出清规则只能关联一个算法。

10.1.2.8　交易流程管理

1．业务子项描述

交易流程管理主要配置交易流程的关键流程节点，交易流程主要分为双边协商流程、集中竞价流程、挂牌流程。

2．工作要求

支持按照交易形式配置交易流程节点。

3．工作内容

（1）交易流程配置可以对交易中交易流程进行配置及流程节点维护，可以新增交易流程以及对该交易流程进行流程节点维护。

（2）集中竞价交易的主要流程节点有：购方申报、售方申报、交易开标、交易计算等。

（3）双边协商交易的主要流程节点有：申报方申报、确认方确认等。

（4）流程节点可维护序号、是否控制节点处理时间。

10.1.2.9　页面显示管理

1．业务子项描述

页面显示管理可以支持在交易计算、交易出清、交易结果查询、交易单元信息校核等功能界面中，对每个交易子品种展示的字段信息进行配置，按实际业务需求进行显示配置，默认提供通用模板控制，同时也支持按交易序列个性化配置显示内容。

2．工作要求

（1）支持按序列个性化模板配置。

（2）类似序列创建可复制原序列的个性化模板。

3．工作内容

（1）对于需要按单独页面模板显示的交易序列，进行显示模板配置。

（2）如果交易序列未配置单独的页面显示模板，默认使用该序列所属交易子品种的页面显示模板。

（3）序列的页面显示模板支持复制。

（4）支持交易结果按照购、售方分别配置模板，根据模板控制页面显示。

10.2 交易序列管理

10.2.1 业务项描述

电力交易方式分为双边协商、集中竞价、挂牌等，电力交易平台支持各种方式交易的序列创建和管理，包括交易基本信息、条款信息、时间段信息、电力曲线、标定规则、申报规则、出清规则、流程信息等信息维护。

10.2.2 业务子项

1．业务子项描述

交易序列是贯穿整个交易流程的重要标识，交易序列主要用于维护交易信息发布的基本信息、交易品种、交易条款信息、交易单元标定信息、申报规则信息、交易流程管理信息、出清规则信息、交易承诺书信息、合同文本信息等。

交易基本信息应包含：交易品种信息、交易名称、交易属性、交易简称（交易成分标准化）、交易周期、执行开始日期、执行结束日期等属性。

交易条款信息包含：时间段数量、申报电量精度、申报电价精度、计算结果电量精度、计算结果电价精度等。

交易单元标定信息包含：规则信息、交易单元可按照规则自动映射相应市场主体等。

申报规则信息包含：是否申报电量、是否申报电价等。

交易流程信息包含：流程节点名称、节点开始时间、节点开始结束时间间隔小时数、节点结束时间、距下一节点间隔小时数等。

出清规则信息包含：出清计算的规则配置、出清规则参数的配置等。

交易承诺书信息包含：选择的交易承诺书。

合同文本信息包含：选择的合同文本。

开展跨平台交易需要交易序列管理功能支持跨平台序列的展示。

2．工作要求

（1）双边交易序列创建工作要求。

1）双边交易市场主体申报的内容，交易中心按市场主体需求在申报规则中进行配置。

2）打捆双边交易，打捆的交易电量具有关联关系，安全校核后按关联关系出清。

3）程序可实现捆绑比例的设置，打捆交易支持对每个单元单独配置占比。申报时系统自动校核，不符合校核规则的，申报无法提交，并提示无法提交的原因。

4）合同转让交易时，电力交易平台抽取并展示合同电量、电价等信息，系统可配置需要抽取的合同相关内容。

5）申报界面要求美观、用户体验良好，操作简便。

（2）集中竞价交易序列创建工作要求（含集中竞价一个序列可配置多轮的交易）。

××省电力直接交易公告见表10-1。

表10-1　　　　　　　2021年10月××省电力直接交易公告

序号	时间	交易内容
1	9月6日—10日	双边协商
2	9月11日 9:00—11:00	第1场：电力用户与发电企业双边交易
3	9月11日 9:00—11:00	第2场：售电公司与发电企业双边交易
4	9月11日 9:00—11:00	第3场：电力用户与火电集中竞价交易第1轮
5	9月11日 14:00—16:00	第3场：电力用户与火电集中竞价交易第2轮
6	9月12日 9:00—11:00	第3场：电力用户与火电集中竞价交易第3轮
7	9月12日 14:00—16:00	第4场：可再生能源单边集中竞价交易
8	9月13日	计算可再生能源与火电捆绑成交结果
9	9月14日	电力交易平台发布无约束出清结果
10	9月18日	电力交易平台发布成交结果

1）以上案例中的第3场集中竞价交易分三轮完成，每轮之间应有关联关系。可配置前轮申报电量完全成交后，后续轮次是否参加。一般工作惯例，电力用户、售电公司第一轮申报电量全部成交后，后续轮次禁止再申报；发电企业申报电量全部成交后，后续轮次可继续申报。电力用户、售电公司、发电企业第一轮申报电量部分成交后或未成交，后边轮次可继续申报。电力交易平台应满足对上述情况的自动判断和校核。

2）可实现时间优先成交，要求电力交易平台性能稳定，支持同时间大量数据的申报。

3）申报界面要求美观、用户体验良好，操作简便。

（3）挂牌交易序列创建工作要求（含双挂双摘）。

1）可配置挂牌交易出清规则。

2）双挂双摘交易中，在挂牌页面可以进行挂牌、撤牌、查看成交明细等操作；在摘牌页面可以查询所有正在进行挂牌的电量，并可以进行摘牌操作。

3）双挂双摘交易中，申报主页面显示交易单元总申报额度，和当前的剩余额度，剩余额度＝总申报额度－己方摘牌量－被摘牌量。

4）可以查看本单位的所有挂牌数据，查看挂牌电量、电价、状态、目前已经成交（摘牌或被摘牌）的电量。

5）申报界面，可以查看所有交易单元的剩余额度。

6）对于摘牌电量是否可以小于挂牌电量，在出清规则中可以进行设置，可选择项包括：摘牌电量可以小于挂牌电量；摘牌电量不可以小于挂牌电量；当电量额度小于挂牌电量时，摘牌电量可以小于挂牌电量。

7）申报界面要求美观、用户体验良好，操作简便。

年度（多月）交易申报界面要操作便捷、美观，多月电量市场主体在一个界面中一次提交。申报界面、成交电量界面、安全校核界面、统计界面等以横向列表形式展示。

3．工作内容

（1）双边交易序列创建工作内容。应结合交易公告配置信息，对市场主体、交易关口、交易标的、交易方式、出清规则、各类约束等进行配置。交易序列可以配置为适合常规双边交易、打捆交易、合同电量转让的双边交易。

1）常规的双边交易。适合普遍的双边交易。

2）打捆交易。打捆交易适合电力用户与火电企业、风电企业、水电企业、光伏企业、生物质企业等捆绑交易。

关联关系应满足以下内容：

a．程序可实现捆绑比例的设置和校核。即火电机组与其他类型机组电量之和的比例配置和自动校核。不符合校核规则的申报无法提交，系统提示无法提交的原因。

b．打捆双边交易在进行安全校核时，如火电未通过安全校核，其他类型捆绑的交易电量也无法成交。

c．成交结果统计应体现出捆绑关系。

3）合同电量转让的双边交易。配置是否需要合同的其他相关方配合交易，可选择的内容包括：出让的原合同、剩余合同电量、原合同电价、出让补偿电价、交易电量、交易电价等。

（2）集中竞价交易序列创建工作内容。集中竞价交易序列可配置交易轮次，在每一轮中设置交易申报段数。

（3）挂牌交易（含双挂双摘）序列创建工作内容。

1）挂牌交易流程按照"序列配置—发布交易公告—交易申报—无约束出清—安全校核—有约束出清—发布交易结果"的环节进行设计。

2）在合同电量转让交易、清洁供暖交易等交易中，市场成员可通过电力交易平台提交挂牌需求，开展挂牌交易。

3）在双挂双摘交易中，市场成员在挂牌页面可以进行挂牌、撤牌、查看成交明细等操作；在摘牌页面可以查询所有正在进行挂牌的电量，并可以进行摘牌操作。

4）挂牌：市场成员点击挂牌可以进行挂牌，选择交易单元，填写挂牌电量和挂牌电价后点击申报即可进行挂牌。提交系统时会对电量进行校验，根据交易单元剩余电量额度校验挂牌电量上限。

5）撤牌：选中一条数据点击撤牌，撤牌成功或失败弹出提示窗口。

6）查看成交明细：点击任一条挂牌数据最后的"查看明细"可以查看此挂牌电量已成交电量的明细，可以查看成交双方的交易单元、摘牌方、成交电量、挂牌电价、成交时间等。

7）摘牌页面展示目前正在挂牌中的所有数据，数据区可以按照挂牌电价、挂牌电量、挂牌时间等进行排序。展示市场主体交易单元剩余额度。点击每行挂牌信息的"摘牌"按钮，可以进行摘牌操作。不满足摘牌条件的数据，"摘牌"按钮设置为灰色不能点击。点击"摘牌"弹出对方交易单元挂牌电量、挂牌电价进行确认。

10.3 公 告 发 布

公告发布主要用于向市场主体发布交易公告信息。

10.3.1 业务项描述

公告基于交易序列发布。

10.3.2 业务项流程

公告发布流程见表 10-2。

表 10-2　　　　　　　　公 告 发 布 流 程

序号	流程节点	业务步骤	业务信息	办理角色
1	交易序列	创建交易序列	交易序列配置信息	电力交易中心

续表

序号	流程节点	业务步骤	业务信息	办理角色
2	交易单元信息校核	抽取交易单元详细信息	交易单元信息	电力交易中心
3	交易附件上传	通过上传功能，将附件上传至所选的交易单元	交易附件信息	电力交易中心
4	交易公告发布	在电力交易平台发布交易公告	交易公告信息	电力交易中心

10.3.3 业务子项

10.3.3.1 交易单元信息校核

1．业务子项描述

交易单元信息校核可以抽取交易单元的批复上网电价、输配电价、目录电价、政府基金及附加信息等相关信息，并校核信息的完整性。

查询时能够根据页面显示配置的模板动态显示数据列。维护时支持手动输入、批量设置或手动抽取交易单元信息。

开展跨平台交易时，交易序列管理功能需支持跨平台序列的展示，支持电力交易中心按规则获取交易单元信息。

2．工作要求

电力交易平台能准确地抽取数据。

3．工作内容

（1）查询时根据页面显示配置的模板动态显示数据列。

（2）交易单元信息校核可以抽取交易单元的批复上网电价、输配电价、目录电价、政府基金及附加信息等信息，当交易单元信息不完整时，对应交易单元显示为红色并提示。

（3）针对跨平台交易，交易序列管理功能应支持跨平台序列的展示，支持电力交易中心按规则获取交易单元信息。

10.3.3.2 交易附件上传

1．业务子项描述

交易附件上传功能可对交易序列的相关文件等进行管理，预览或下载现有附件，查看该附件已发布的对象范围。

2．工作要求

按范围精准控制附件发布的范围。

3．工作内容

（1）上传交易序列的相关附件。

（2）支持附件在线预览及下载查看。

10.3.3.3 交易公告发布

1．业务子项描述

交易公告发布支持交易公告发布及消息通知等功能，可查询交易序列的校核状态、交易公告校核状态、发布状态、交易详细说明等信息。

2．工作要求

交易公告校核通过后，才可发布交易公告。

3．工作内容

（1）交易公告提交校核后，可查询校核进度。校核结果为"通过"时，该交易序列可以发布，发布后参与该交易的市场主体按照交易流程信息中配置的交易申报时间进行申报。

（2）交易发布后业务人员可选择消息模板，通过系统消息和短信通知市场成员，系统支持实时查询消息发布状态。

10.4 交易申报

交易公告发布后，参与中长期交易的市场主体，可以登录电力交易平台，按照不同品种交易的具体交易规则申报电量、电价等信息。具体业务子项包括双边协商交易申报、集中竞价交易申报、挂牌交易申报。

10.4.1 业务项描述

省内中长期交易包括年度交易、月度交易和月内短期交易。参与省内中长期交易的市场主体包括发电企业、电力用户、售电公司和电网企业（可代理电力用户），交易方式包括双边协商、集中竞价和挂牌。按照交易品种划分，包括：电力直接交易、合同转让交易（含发电权交易）、预挂牌交易等品种。参与中长期交易的市场主体，可以登录电力交易平台，在规定申报时间内按照不同品种交易的具体交易规则申报电量、电价等信息，参与市场交易。具体业务子项包括：①双边协商交易申报；②集中竞价交易申报；③挂牌交易申报。

10.4.2 业务项流程

双边协商、集中竞价交易、挂牌交易申报流程见表10-3～表10-5。

表 10-3　　　　　　　　　双边协商交易申报流程

序号	流程节点	业务步骤	业务信息	办理角色
1	申报方申报	在交易序列申报规则中配置的申报方进行申报，提交	申报序列、时间段、交易单元、申报电量、申报电价等	市场主体
2	确认方确认	确认申报方提交的信息	确认序列、时间段、交易单元、申报电量、申报电价等	市场主体

表 10-4　　　　　　　　　集中交易申报流程

序号	流程节点	业务步骤	业务信息	办理角色
1	购方申报	在交易序列申报规则中配置的申报方进行申报，提交	申报序列、时间段、交易单元、申报电量、申报电价等	市场主体
2	售方申报	在交易序列申报规则中配置的申报方进行申报，提交	申报序列、时间段、交易单元、申报电量、申报电价等	市场主体

表 10-5　　　　　　　　　挂牌交易申报流程

序号	流程节点	业务步骤	业务信息	办理角色
1	挂牌方申报	在"挂牌区"发布购售信息	购售电量、电价信息	市场主体
2	摘牌方申报	在"摘牌区"自主选择、认购	购售电量、电价信息	市场主体

10.4.3　业务子项

10.4.3.1　双边协商交易申报

1．业务子项描述

双边协商交易发布后市场主体在规定的时间窗口登录电力交易平台进行数据申报，非窗口期不允许申报，但可查看交易公告，进行交易承诺书确认。在申报时间窗口内由交易序列申报规则中配置的申报方进行申报，待申报方提交后，确认方进行确认。

2．工作要求

（1）考虑打捆交易申报。

（2）考虑合同转让（含发电权）双边协商交易申报。

（3）考虑"按月申报按月成交"或"按月申报按总量成交"两类申报格式。按月申报的要求在同一页面申报，提交一次。

（4）申报页面美观、申报简便。

3．工作内容

（1）双边协商交易申报：双边协商的一方（购方或售方）申报电量、电价信息，交易对方进行确认，确认通过后完成交易申报。若确认未通过则需要退回信息申报方进行申报信息修改，直到确认方确认通过。

（2）电力交易平台支持参与交易的市场主体申报 96 点电力、电价曲线信息。交易中心可以根据具体交易规则要求，配置是否需要申报 96 点电力、电价曲线。

（3）打捆交易需要创建捆，并将需要打捆的数据进行绑定，在申报方提交、确认方确认时需根据打捆比例校验。

（4）合同转让（含发电权）双边协商交易，申报时出让方可以选择有效合同。如果出让的合同是双边合同，合同出让方在交易申报界面选择需要出让的合同，填报该合同需要出让的合同电量与分月合同电量、出让价格；受让方进行确认；需要原合同对方确认的，还需要增加原合同对方确认环节。

10.4.3.2 集中竞价交易申报

1．业务子项描述

集中竞价交易发布后市场主体在规定的时间窗口登录电力交易平台进行数据申报。非窗口期不允许申报信息，可查看交易公告，进行交易承诺书确认。

2．工作要求

（1）考虑合同转让（含发电权）集中竞价交易申报。

（2）申报数据需要加密，市场主体可以解密查询。

（3）申报页面美观、申报简便。

3．工作内容

（1）交易中心发布交易公告后，市场主体可以登录电力交易平台，按照交易规则申报电量、价格等信息。

（2）申报时支持多段报价，系统支持对每段之间的电价进行限制，同时支持对每段电量的上下限或占申报总量的占比进行限制。

（3）电力交易平台支持参与交易的市场主体申报 96 点电力、电价曲线信息。交易中心可以根据具体交易规则要求，配置是否需要申报 96 点电力、电价曲线。

（4）申报全过程需要对申报信息进行加密，并将申报信息通过加密形式传输并存储到内网市场出清应用。

10.4.3.3 挂牌交易申报

1．业务子项描述

挂牌交易发布后市场主体在规定的时间窗口登录电力交易平台进行数据申报。非窗口期不允许申报，但可查看交易公告，进行交易承诺书确认。挂牌交易提供两种申报方式：统一申报和自主选择申报。

2．工作要求

（1）考虑合同转让（含发电权）挂牌交易申报。

（2）申报数据需要加密，市场主体可以解密查询。

（3）申报页面美观、申报简便。

3．工作内容

（1）单方挂牌集中出清方式，由固定一方（购方或者售方）挂出电量、电价（支持分时段申报量价）后，另一方根据挂牌信息进行摘牌申报，所有市场主体都申报完毕后，统一由内网市场出清应用进行出清计算。

（2）申报时支持多段报价，可以对每段之间的电价进行限制，每段的电量/电力的上下限或占申报总量的占比限制。

（3）双方挂牌连续出清方式，在规定交易时间内，购方和售方可以同时在"挂牌区"发布购售电量、电价信息（挂牌），并在"摘牌区"自主选择、认购电量（摘牌）。购售双方均可挂牌和摘牌，购方仅能摘售方，售方也仅能摘购方。在摘牌时，系统需自动按照出清规则进行实时出清计算。

（4）电力交易平台支持参与交易的市场主体申报 96 点电力、电价曲线信息。交易中心可以根据具体交易规则要求，配置是否需要申报 96 点电力、电价曲线。

（5）合同转让（含发电权）挂牌交易，申报时出让方可以选择有效合同。如果出让的合同是双边合同，根据情况配置是否需要第三方确认。

（6）预挂牌交易申报，由发电企业按照交易单元在上调交易序列中申报上调价格（不申报电量）、下调交易序列中申报下调价格（不申报电量）。

（7）需求侧响应挂牌交易申报，交易需申报响应量和补偿价格，按照统一出清方式进行出清。当用户侧需求响应（申报负荷和补偿电价）时，需由售电公司代替零售用户填报负荷及补偿电价，并由售电公司推送至零售用户侧进行确认。

（8）申报全过程需要对申报信息进行加密，并将申报信息通过加密形式传输并存储到内网市场出清应用。

10.5 交易出清

10.5.1 业务项描述

交易出清是市场出清的关键环节,主要功能是形成交易结果,具体业务子项包括:双边申报信息查询、双方挂牌信息查询、交易计算、交易开标、无约束交易结果发布。

10.5.2 业务项流程

交易出清流程见表10-6。

表10-6　　　　　　　　　交易出清流程

序号	流程节点	业务步骤	业务信息	办理角色
1	交易申报	在交易序列申报规则中配置的申报方进行申报	购售双方用户类型、所有时间段申报时间、电量、电价等	市场主体
2	双边申报信息查询	市场主体申报完成后,查看双方交易申报信息	双边交易申报信息	电力交易中心
3	双方挂牌信息查询	市场主体申报完成后,查看交易申报信息	挂牌方、摘牌方交易申报信息	电力交易中心
4	交易开标	进入交易计算	购售双方用户类型、所有时间段申报时间、电量、电价等	电力交易中心
5	交易计算	出清计算得到相应的结果	购售电量、电价信息	电力交易中心
6	无约束交易结果发布	在电力交易平台发布结果	出清结果	电力交易中心

10.5.3 业务子项

10.5.3.1 双边申报信息查询

1. 业务子项描述

根据页面显示配置的模板显示双边交易申报信息,并提供简单的统计展示功能。

2. 工作要求

提供统计展示功能。

3．工作内容

（1）根据配置的页面显示模板显示双边交易申报数据信息。

（2）用户查询单笔双边交易序列所有时间段的交易状态及购方电量、售方电量、购方电价、售方电价等详细信息。

（3）系统提供查询每组购售方交易单元的申报数量、确认数量、未确认数量、未通过数量等信息的功能。

（4）系统自动统计购售方各自最高电量、最低电量、最高电价、最低电价，售方成交总量和售方加权平均价等信息。

10.5.3.2 双方挂牌信息查询

1．业务子项描述

根据页面显示配置的模板显示挂牌、摘牌方交易申报信息及交易结果成交情况，并提供统计功能。

2．工作要求

提供统计展示功能。

3．工作内容

（1）交易中心可以通过挂牌信息查询功能查看购方、售方挂牌信息及每个交易单元的操作明细。

（2）实时查看交易序列的摘牌成交结果。

10.5.3.3 交易开标

1．业务子项描述

在开标前支持查看交易序列的已申报交易单元和未申报交易单元的购售方详细信息，支持按申报时间、申报角色、发电类型、电压等级等维度进行排序。

开标后可显示集中竞价交易开标时间，查看交易购售双方用户类型、各时间段的申报时间、电量、电价等信息。

针对跨平台交易，集中竞价开标功能需支持跨平台交易序列的展示，以及对申报数据的校核功能。

2．工作要求

（1）在开标之前对交易机构加密，但市场成员自己可以解密查询。

（2）符合电力交易保密、合规要求，开标时进行申报数据解密操作。

3．工作内容

（1）市场主体申报后，交易开标功能在开标前可以查看到申报市场主体的基本信息，包括市场主体名称、交易单元、机组类型等。

（2）交易开标后，可以查看到市场主体的申报信息，包括市场主体名称、交易单元、机组类型、交易购售双方用户类型、所有时间段申报时间、电量、电价等信息。交易组织业务管理员可以配置需查看的内容。系统支持按申报时间、申报电量大小、时间段等维度进行排序。

10.5.3.4 交易计算

1．业务子项描述

通过调用交易序列配置的出清规则进行出清计算，得到出清结果，出清规则与特定的算法包及排序因子、出清参数进行绑定。

2．工作要求

（1）按照配置的出清规则、算法进行计算，形成出清结果。

（2）系统应保证计算结果的准确性。

3．工作内容

（1）交易计算功能可展示所选交易序列的执行开始时间、执行结束时间、交易创建时间和详细说明。

（2）选择交易序列进入计算，在"申报信息"中查看购售方的申报信息，包括申报笔数、最高报价、最低报价、申报总量、申报均价，选择"出清规则配置"中配置的规则进行计算，显示计算过程中的日志信息和计算结果。

（3）在无约束交易结果功能可查看计算生成的交易电量、电价等信息，该页面展示的信息列应读取自对应交易子品种无约束交易结果的页面显示配置信息，系统自动统计交易笔数、购售方最高成交价、最低成交价、加权均价、购方成交总电量等信息。

（4）如交易配置申报规则为按96点曲线进行电力、电价申报，交易计算应支持按96点电力出清。

10.5.3.5 无约束交易结果发布

1．业务子项描述

在交易计算得到无约束出清结果后，交易中心可根据业务要求对无约束结果进行校核并发布，市场主体可通过电力交易平台查询无约束出清结果信息。

2．工作要求

无约束交易出清结果发布内容可根据业务要求进行配置。

3．工作内容

（1）通过无约束交易出清结果发布功能，可查看交易序列校核状态、发布状态、交易详细说明等信息。

（2）发布无约束交易出清结果，参与该交易的市场主体可通过电力交易平台进行查询。

（3）无约束交易出清结果发布后，业务人员可选择消息模板，通过系统消息和短信通知市场主体，系统支持实时查看消息发布状态。

10.6 交易校核

现货市场未运行时，中长期无约束交易结果需调度进行安全校核，形成校核意见及校核结果。业务人员根据意见及结果对无约束交易结果进行调整，形成有约束交易结果。主要业务子项为调度安全校核、交易结果调整。现货市场运行期间中长期交易结果无需调度安全校核。

10.6.1 业务项描述

调度负责对无约束交易结果进行安全校核，主要包括调度安全校核和交易结果调整两个业务子项。

10.6.2 业务项流程

交易校核业务流程见表 10-7。

表 10-7　　　　　　　　交易校核业务流程

序号	流程节点	业务步骤	业务信息	办理角色
1	无约束交易出清	发布无约束交易结果并提交调度安全校核	无约束交易出清结果	电力交易中心
2	提交安全校核	将无约束交易结果提交主调度进行安全校核	校核结果	电力交易中心
3	安全校核	调度对无约束交易结果进行安全校核，形成校核结果和校核意见	安全校核后的削减情况和原因	调度
4	反馈安全校核结果	调度将安全校核结果和意见提交至交易中心	安全校核结果	调度
5	形成有约束交易结果	交易中心根据安全校核意见和校核结果，针对无约束交易结果进行调整，形成有约束交易结果	有约束交易结果	电力交易中心

10.6.3 业务子项

10.6.3.1 调度安全校核

1．业务子项描述

调度针对无约束交易结果进行安全校核，并形成安全校核意见及校核结果。

2．工作要求

安全校核意见和校核结果通过横向数据集成实现，由调度系统推送至电力交易平台。

3．业务流程

安全校核业务流程见表 10-8。

表 10-8　　　　　　　　　　安全校核业务流程

序号	流程节点	业务步骤	业务信息	办理角色
1	安全校核	电力交易平台将无约束交易结果推送至调度系统，调度开展安全校核工作，形成校核结果和校核意见，并将结果和意见推送至电力交易平台	无约束交易结果、有约束交易结果	调度

4．工作内容

调度负责对无约束交易结果进行安全校核。调度开展安全校核时，可批量对多个交易结果进行校核，也可单独对其中的某个交易或单个交易里的某个市场主体交易结果进行校核，反馈校核结果和原因或意见。

10.6.3.2 交易结果调整

1．业务子项描述

调度完成无约束交易结果安全校核后，返回安全校核意见及结果，交易中心对无约束交易结果进行调整，形成有约束交易结果。

2．工作要求

交易结果调整由交易中心通过电力交易平台完成，针对无约束交易结果进行调整时需严格按照校核意见及校核结果进行。

3．业务流程

交易结果调整业务流程见表 10-9。

表 10-9　　　　　　　　　　交易结果调整业务流程

序号	流程节点	业务步骤	业务信息	办理角色
1	交易结果调整	电力交易中心根据安全校核意见及校核结果，针对无约束交易结果进行调整，形成有约束交易结果	无约束交易结果、有约束交易结果	电力交易中心

4．工作内容

调度完成无约束交易结果安全校核后，交易中心根据安全校核意见及校核结果，针对无约束交易结果进行调整，形成有约束交易结果。

电力交易平台支持交易结果调整模板可配置、调整模板表单自动生成、交易明细结果比例调整等功能。

10.7　结　果　发　布

10.7.1　业务项描述

无约束交易结果经过安全校核后，形成有约束交易结果，交易中心对交易结果进行发布，主要业务子项为交易结果发布、交易结果查询、省间交易结果共享。

10.7.2　业务子项

10.7.2.1　交易结果发布

1．业务子项描述

有约束交易出清后，交易中心可通过交易结果发布功能对最终交易结果进行校核并发布。市场主体通过电力交易平台查询最终交易结果。

2．工作要求

有约束交易出清结果发布内容可配置。

3．工作内容

（1）业务人员可通过有约束交易出清结果发布功能，查看交易结果校核状态、发布状态、交易详细说明等信息。

（2）发布交易出清结果，参与该交易的市场主体可登录电力交易平台查询。

（3）支持分时间段校核及结果发布。

（4）有约束交易出清结果发布后，业务人员可选择消息模板，通过系统消息和短信通知市场主体，系统支持实时查看消息发布状态。

（5）对于按照调度意见进行调减的，应将调度意见反馈至市场主体。

10.7.2.2　交易结果查询

1．业务子项描述

交易结果发布后交易中心可以通过交易结果查询功能查看最终交易结果。针对跨平台交易，交易结果查询功能应支持跨平台交易序列信息的展示。

2．工作要求

用户能及时查询省间、省内交易中与本单位相关的交易情况。

3．工作内容

（1）交易结果查询功能根据页面显示配置模板动态展示交易结果信息列，同时按照交易条款"交易结果公开范围"控制用户查询的交易结果范围。

（2）针对跨平台交易，交易序列管理功能应支持跨平台交易序列信息的展示。

10.7.2.3　省间交易结果共享

1．业务子项描述

省间交易由北京电力交易中心发起，在省间电力交易平台出清，交易完成后北京电力交易中心将成交结果推送至省级电力交易平台。

2．工作要求

省间电力交易平台推送的交易结果，格式应与省级电力交易平台的交易结果一致。省级电力交易平台应支持查询、统计等功能。

3．工作内容

省间交易结果达成后，省间电力交易平台自动或业务人员手动将交易成交结果推送至省级电力交易平台。省级电力交易平台具备信息查询、信息统计等功能，将省间交易结果进行加工和分解，形成结算等业务所需的基础数据。

11 现货交易业务模型设计

11.1 现货交易序列管理

11.1.1 业务项描述

电力交易中心根据日程安排,提前设置现货交易类型(日前或实时)对应的申报开始时间、申报结束时间、现货申报信息等。

11.1.2 业务子项

1. 业务子项描述

电力交易中心可提前对现货交易序列进行时间配置、条款配置、申报规则配置及缺省申报配置等。市场主体可根据配置的序列信息,在交易窗口期登录电力交易平台申报。

2. 工作要求

(1)支持现货交易序列自动发布。

(2)现货申报信息可以按需配置。

3. 工作内容

(1)电力交易中心根据现货交易类型进行时间配置,具体包含:申报开始时间间隔、申报结束时间间隔等。

(2)电力交易中心按照机组、交易单元、市场主体维度配置现货交易申报信息,具体包含:预测曲线、机组曲线、校验规则、阶梯报价、机组参数等。

(3)电力交易中心配置现货条款信息,具体包含:缺省申报方式、现货结果口径、粒度等。

(4)电力交易中心配置缺省申报信息,具体包含:校验规则、阶梯报价段数等。

(5)电力交易中心可对交易序列的配置信息进行修改。

11.2 现货交易申报

11.2.1 业务项描述

现货电能量市场为每日连续运行的市场,各发电机组需每日向市场运营机构提交申报信息，市场主体在现货交易窗口期，可以按照"报量报价"或"报量不报价"的方式参与电能量交易，若未按时申报，则按照缺省申报信息参与市场出清，申报数据加密后推送调度。

11.2.2 业务子项

11.2.2.1 现货交易售方申报

1．业务子项描述

火电发电企业按照"报量报价"的方式参与现货交易，一般以机组维度申报现货市场价格信息。新能源发电企业按照"报量不报价"的方式参与现货交易，一般以交易单元粒度申报运行日96点发电预测曲线，不申报价格。随着现货市场的不断推进，逐步引入新能源机组按照"报量报价"的方式参与现货交易。

2．工作要求

（1）申报窗口期，申报信息填写完整后才允许提交，并可以撤销申报。

（2）申报的量、价等关键信息需加密后推送调度进行优化出清。

（3）市场主体迟报、漏报或不报，均默认采用缺省值作为申报信息参与现货市场出清。

（4）发电企业在日前现货市场中申报的信息，将用于省内实时现货市场，日内不再进行价格申报。

3．工作内容

（1）火电机组申报信息主要包括：机组启动费用、电能量费用、阶梯报价等。新能源机组申报96点发电预测曲线。

（2）支持市场主体登录电力交易平台查看历史现货主动申报或缺省申报数据。

（3）现货缺省申报类型包括：采用最近一次主动申报数据、市场主体维护的默认缺省申报数据等。

11.2.2.2 现货交易购方申报

1．业务子项描述

电力用户或售电公司申报其运行日的96点用电量需求曲线或现货市场价格信息。用电需求曲线作为其自身参与日前电能量市场结算依据，暂不作为日前电能量市场出清的边界条件。

2．工作要求

（1）申报窗口期，申报信息填写完整后才允许提交，并可以撤销申报。

（2）申报的量、价等关键信息需加密后推送调度进行优化出清。

（3）市场主体迟报、漏报或不报，均默认采用缺省值作为申报信息参与市场出清。

3．工作内容

（1）支持市场主体登录电力交易平台查看历史现货主动申报或缺省申报数据。

（2）现货缺省申报类型分为包括：采用最近一次主动申报数据、市场主体维护的默认缺省申报数据等。

11.3 现货交易结果查询

11.3.1 业务项描述

现货申报数据加密后推送调度，由调度完成优化出清。调度将现货出清结果推送至电力交易平台，市场主体登录电力交易平台可查看现货交易结果。

11.3.2 业务子项

1．业务子项描述

交易中心从调度获取现货出清结果后，市场主体可以登录电力交易平台进行查看。

2．工作要求

按照交易类型、交易日期等维度查看现货交易结果。

3．工作内容

（1）电力交易中心根据现货交易类型、交易日期等维度统计现货交易结果信息。

（2）市场主体登录电力交易平台查看现货交易结果。

12 零售交易业务模型设计

12.1 零售套餐管理

12.1.1 业务项描述

售电公司按照电力零售市场交易规则编制零售套餐，零售套餐的内容一般包括基本信息、量价参数、标签和约束条件等内容。售电公司将其编制完成的零售套餐经交易中心校核后在电力交易平台进行挂牌，即进行套餐上架。套餐在其标的周期内，售电公司可将其已挂牌的零售套餐撤牌，即进行套餐下架。

12.1.2 业务子项

12.1.2.1 零售套餐配置

1. 业务子项描述

售电公司按照电力零售市场交易规则编制零售套餐，零售套餐的内容一般包括基本信息、套餐分类、量价参数和约束条件等内容。

2. 工作要求

（1）填写零售价格。按照口径划分，零售电能量价格一般可拆分为一个价格值及若干个价差值。按类型划分，电能量价格可分为固定值（事前确定具体数值）与浮动值（即事前约定计算逻辑而非具体数值）。偏差传导价格可按照价格固定值或价格比例倍率等方式约定。价格浮动值与价差浮动值是指按照事前约定计算逻辑的方式确定价格或价差，按月计算。

零售价格包含不同月份、不同时段、不同电量成分对应的电能量交易价格。不同月份是指同一套餐的不同月份可约定不同的零售电能量价格。不同时段是指同一套餐同一标的月可约定不同时段（一般为 24 个时段或尖峰平谷 4 个时段）的零售电能量价格。不同电量成分指在事前约定零售电量的套餐中，同一套餐同一标的月的约定电量、正偏差电量、负偏差电量设置不同的零售电能量价格，结算时以照付不议、偏差结算模式进行，也可在明确约定电能量价格的前提下，套餐事前明确正、负偏差电量的偏差传导价格（差价部分），零售用户市场化电量除执行约定电能量价格外，偏差电量执行偏差传导价格。

零售套餐价格、零售套餐其他参数为必填项，其他条款为选填项。

（2）零售套餐内全部参数内容由编制的售电公司负责，相关参数一经确定并上架后，即视为该售电公司认可零售套餐全部条款内容。

3．工作内容

售电公司按照电力零售市场交易规则编制零售套餐，主要内容包括基本信息、量价参数和约束条件等关键信息。

12.1.2.2　零售套餐上架

1．业务子项描述

售电公司将其编制完成的零售套餐经交易中心校核后在电力交易平台进行挂牌，即进行套餐上架。

2．工作要求

（1）根据电力零售市场交易规则对零售套餐的规范性进行自动校核，保留校核记录。

（2）提供套餐历史校核、上架过程的跟踪查询，确保流程准确可查便于事后进行查询回溯。

3．工作内容

售电公司对零售套餐进行上架操作后，电力交易平台对零售套餐的规范性进行自动校核，校核无误后，零售套餐对外展示。

12.1.2.3　零售套餐下架

1．业务子项描述

套餐在其标的周期内，售电公司可将其已挂牌的零售套餐撤牌，即进行套餐下架。

2．工作要求

零售用户已完成下单确认及已发起下单流程的零售套餐，不受零售套餐下架的影响。

3．工作内容

零售套餐到期后自动下架，售电公司对未到期的零售套餐可进行下架操作。

12.2　零售套餐选购

12.2.1　业务项描述

交易中心进行零售交易开市准备，包括开市时间、市场成员校核等。在电力交易平台上展示售电公司售卖的零售套餐，零售用户在电力交易平台上筛选零售套餐或者店铺，查看零售套餐详情，选中套餐后，确认零售合同信息，形成售电公司与零售用户的零售合同。另外，零售用户可选择带有议价标识的套餐，进行零售双边协商交易。

12.2.2 业务子项

12.2.2.1 开市时间管理

1．业务子项描述

交易中心进行开市日时段配置，主要用于对零售市场每日的开市时间范围进行设置。通过配置开市日时段，使得零售市场交易行为可控有序地进行。

2．工作要求

对零售市场每日的开市时间范围进行设置，只有在开市时间范围内，才可以进行下单交易。

3．工作内容

（1）按日配置零售市场开市时间。

（2）查询开市时间信息。

（3）开市时间配置连续性校验。

12.2.2.2 市场成员信息校核

1．业务子项描述

抽取零售市场成员信息，对市场成员信息进行校核，当信息不完整时，对应信息显示为红色并提示。

查询时能够根据页面显示配置的模板动态显示数据列。维护时支持手动输入、批量设置或从历史序列信息中抽取市场成员信息，可将当前市场成员信息导出表格进行查看。

2．工作要求

系统能准确地抽取数据。

3．工作内容

按照白名单抽取售电公司和零售用户相关信息。对售电公司名称、信用评价等级、成立时间、地理区域、联系方式、已销售电量、可销售电量等信息进行校核。

12.2.2.3 售电公司可售电量额度管理

1．业务子项描述

通过售电公司资产总额年售电量、履约保障凭证计算可销售电量额度，对零售市场售电公司可销售电量进行调整。

2．工作要求

提供售电公司年度、月度电量额度抽取、查询功能。

3．工作内容

（1）抽取售电公司年度和月度电量额度，根据售电公司资产总额计算并抽取年度可售电量额度，根据售电公司履约保函计算并抽取月度可售电量额度。

（2）查询售电公司年度和月度已结、未结订单电量。

12.2.2.4　零售套餐查询

1．业务子项描述

按照购买月份、购买周期、上架时间、解约方式等进行零售套餐筛选，按照销售电量、上架时间等进行排序。

2．工作要求

（1）零售套餐可以按照购买月份、购买周期、上架时间、解约方式等方式进行组合筛选或者根据单项筛选。

（2）零售套餐可以按照销售电量、上架时间等进行升序或者降序排列。

3．工作内容

（1）选择或者勾选购买月份、购买周期、上架时间、解约方式等筛选项；按照所选择或者勾选的筛选项查询零售套餐。

（2）选择销售电量、上架时间等排序方式；按照排序方式展示零售套餐信息。

12.2.2.5　零售店铺查询

1．业务子项描述

按照信用等级等对零售店铺进行筛选，按照用户数量、已销售电量、在售套餐数量等对零售店铺进行排序。

2．工作要求

（1）零售店铺可以信用等级方式进行筛选。

（2）零售店铺可以按照用户数量、已销售电量、在售套餐数量等进行升序或者降序排列。

3．工作内容

（1）选择信用等级，按照信用等级查询零售套餐。

（2）选择用户数量、已销售电量、在售套餐数量等排序方式；按照排序方式展示零售店铺信息。

12.2.2.6　零售套餐比选

1．业务子项描述

零售用户将零售套餐加入、移除比选列表，进行零售套餐比选查询，根据所选月份不同切换套餐详情，每个比选套餐都可选择月份，并根据月份切换信息，查看结构化数据详情，以结构化数据方式展示商品详细信息。

2．工作要求

（1）零售用户可选择 1~3 款套餐加入比选。

（2）以结构化数据方式展示零售套餐比选的结果。

3．工作内容

（1）零售用户选择零售套餐，加入比选列表。

（2）选择套餐比选的月份。

（3）根据比选月份抽取零售套餐信息，并以结构化的形式展示比选结果。

12.2.2.7　零售用户下单确认

1．业务子项描述

零售用户在零售交易允许时间范围内进行下单确认。零售用户下单时需选择零售套餐及购买标的月，下单购买含偏差处理方式的套餐时，需填写分月/分时零售电量值。

2．工作要求

（1）零售用户在下单时校验用户是否存在同时段的订单或者零售合同。

（2）零售用户填写分月/分时零售电量值，对电量值进行校验，出现异常时进行提示。

3．工作内容

（1）零售用户查看零售套餐信息，并进行下单。

（2）下单购买含偏差处理方式的套餐时，填写分月/分时零售电量值。

12.2.2.8　双边议价下单

1．业务子项描述

零售用户选择带有议价标识的零售套餐，通过双边协商方式修改零售套餐内容。售电公司可对套餐中各月套餐的价格值、价差值、比例系数等进行修改，发送给零售用户确认。

2．工作要求

根据零售套餐的配置信息，可议价套餐的参数不同。

3．工作内容

（1）零售用户选择议价下单。

（2）售电公司对零售套餐中的价格值、价差值、比例系数等进行修改。

（3）售电公司将修改后的零售套餐发送给零售用户确认。

12.2.2.9　约束条件校核

1．业务子项描述

下单时，对零售套餐各项约束条件进行校核。零售套餐各项约束条件包括统一基础约束条件与零售套餐自定义约束条件。其中，统一基础约束条件为零售交易基本要求有关内容。零售套餐自定义约束条件为零售套餐关键条款中最大/小购买月份数、用户月均电量最大/小约束、用户电压等级范围等内容。

2．工作要求

下单时，根据各项约束条件对零售套餐进行校核。

3．工作内容

下单时，按零售交易基本要求等统一基础约束条件和最大/小购买月份数、用户月均电量最大/小约束、用户电压等级范围等自定义约束条件对零售用户的信息进行校核。

13 合同业务模型设计

13.1 合同生成管理

13.1.1 业务项描述

合同生成管理的主要功能是根据交易品种的条款和规则，自动产生交易结果对应的合同信息，并对生成的合同信息进行集中管理。

13.1.2 业务子项

1. 业务子项

根据各类不同品种的交易结果生成相应的合同。

2. 工作要求

可以支持自定义配置，以满足不同的交易需求和场景。

3. 工作内容

（1）用户可通过查询交易序列核对交易结果，确保合同电量、电价等信息的准确性。

（2）系统在交易结果发布时会自动生成合同信息。此外，用户还可手动选择交易序列，根据不同的交易品种选择相关参数模板，并根据对应的规则生成合同信息。

（3）在合同生成过程中，用户可以实时查询生成的进度。

13.2 电子合同管理

13.2.1 业务项描述

电子合同管理主要采用两种模式：一是组合模式电子合同，即由"交易承诺书＋交易公告＋交易结果"组成三位一体的电子合同模式；二是合同文本模式电子合同，基于标准化合同文本生成的电子合同模式。

通过"承诺书＋交易公告＋交易结果"三位一体的组合方式，实现市场化交易合同的电子化管理。应支持申报前市场主体通过电力交易平台签署电子承诺书。最终按照标准的电子合同模板，由电力交易平台自动生成电子合同记录。相关市场主体可以通过电力交易平台外网查看相关合同记录，并进行维护管理。

合同文本模式的电子合同，由交易平台自动生成包含各项合同条款的电子合同文本。合同各方对合同文本内容进行确认，如有异议，反馈后修改并重新生成合同。如无异议，则由合同各方采用电子签章等安全可靠的技术手段进行签署。

13.2.2 业务子项

13.2.2.1 组合模式电子合同

1．业务子项描述

申报前市场主体通过电力交易平台签署电子承诺书。交易结果达成并发布后，由成交各方进行结果确认。通过将"承诺书＋交易公告＋交易结果"进行组合，实现市场化交易合同电子化管理，相关市场主体可以通过电力交易平台外网查看相关合同记录。

2．工作要求

（1）由"承诺书＋交易公告＋交易结果"组合而成的电子合同应能够构成完整的合同内容，交易承诺书根据合同内容编制，权利义务在交易承诺书中明确。

（2）电力交易平台应实现三位一体电子合同信息的自动归集，为用户提供便捷高效的信息查询体验。

3．工作内容

（1）市场主体签订交易承诺书。

（2）根据交易规则达成交易结果，电力交易平台组合交易公告＋交易承诺书＋交易结果，实现三位一体"组合模式"的电子合同。

（3）市场主体可通过电力交易平台按照交易序列查询交易承诺书、交易公告、交易结果等信息。

13.2.2.2 合同文本模式电子合同

1．业务子项描述

交易完成后，电力交易中心业务人员通过电力交易平台自动生成合同文本。合同各方对文本内容进行确认，并加盖电子签章，以形成合同文本模式的电子合同。

2．工作要求

（1）电力交易平台应实现合同范本的灵活配置以及电子合同文本的自动生成。

（2）电力交易平台应实现电子签章功能。

（3）合同各方在签署电子合同前应对内容进行确认。

3．工作内容

（1）电力交易中心业务人员通过电力交易平台生成电子合同文本。

（2）合同各方对文本内容进行确认，如存在异议，及时反馈至电力交易中心对文本进行修改，并重新生成合同文本。

（3）合同各方如无异议，则通过电子签章方式签署电子合同文本。

13.2.2.3 承诺书范本管理

1．业务子项描述

电力交易平台支持多种格式的承诺书范本文件上传、下载、生效、失效、预览、修改、版本管理等功能。

2．工作要求

（1）承诺书内容变化时，业务人员应及时在电力交易平台中更新。

（2）电力交易平台应保留历史范本的版本，支持失效范本的查询等。

3．工作内容

（1）业务人员根据交易品种、交易序列等配置上传对应的承诺书范本。

（2）根据业务变化情况，业务人员可针对已配置的承诺书范围进行修改、生效、失效等操作。

（3）业务人员可查询、下载承诺书范本，查询承诺书范本的历史版本。

13.2.2.4 合同文本管理

1．业务子项描述

支持 Word 格式的合同文本文件生成、上传、下载、生效、失效、预览、修改功能。

2．工作要求

（1）各省市所使用的合同文本可参考国家发展改革委发布的《电力中长期交易合同示范文本》，具体以当地能源监管机构的要求为准。

（2）电力交易平台应支持合同文本的灵活配置。

3．工作内容

（1）将本地计算机创建的范本上传至文本库，并可对已上传的文本进行修改、删除、预览、变更生效状态等操作。

（2）上传或修改范本时，可填写相关引用的说明，并需要保存在具体的合同类型下。

（3）在本地计算机创建合同范本时，需要在业务属性（如合同名称）所在位置以书签的形式插入对应的文本参数标签。文本生成时，电力交易平台会自动在书签位置，按照相应参数标签的数据源，将其业务数据从数据库提取并写入到合同文本中。

13.3 绿电合同管理

13.3.1 业务项描述

绿电合同管理包括绿电零售合同分解、绿电零售合同存证等功能，用于支撑绿电合同相关业务开展。

13.3.2 业务子项

13.3.2.1 绿电零售合同分解

1．业务子项描述

在售电公司参与绿色电力交易后，将次月及后续月份的电量分配给零售用户，以便进行后续的执行和结算。

2．工作要求

（1）电力交易平台应提供便捷的数据分解功能，支持售电公司按条件筛选数据，实现批量分解，并对用户输入的电量进行校验，以提高工作效率。

（2）电力交易平台应提供多种分解方式，包括将电量分解至零售用户或户号，支持售电公司按合同总量或分时段进行灵活分解。

（3）售电公司应及时通过电力交易平台完成绿电零售合同的分解工作。

3．工作内容

（1）绿电交易结果达成后，电力交易平台生成电子合同。

（2）在执行月开始前，售电公司业务人员使用电力交易平台，对绿电合同进行分解操作。

（3）根据售电公司所在省份的实际业务要求，业务人员选择合适的分解方式和分解粒度，以满足相关管理和业务需求。

13.3.2.2 绿电合同存证

1．业务子项描述

在绿电交易合同生成和绿电零售合同分解完成后，电力交易平台将相关合同信息上传至区块链平台，以实现绿电的可追溯性，确保绿电交易的透明度和安全性得到进一步提升。

2．工作要求

（1）电力交易平台应具备将合同信息同步至区块链平台进行存证的功能。

（2）电力交易平台应实现自动存证和手动存证的功能。

3．工作内容

（1）绿电批发市场合同生成后，电力交易平台自动将合同信息同步推送至区块链平台。

（2）售电公司完成绿电零售合同分解后，电力交易平台在每月初将相关绿电零售合同分解信息推送至区块链平台。

13.4 零售合同管理

13.4.1 业务项描述

对售电公司与零售用户签订的零售合同进行合同变更、合同解除等业务操作和管理，保证合同信息及数据的准确性。

13.4.2 业务子项

13.4.2.1 零售合同变更

1．业务子项描述

实现合同约定电量、套餐参数等信息变更的申请和确认，变更的内容根据合同约定。确认通过后次月正式生效，如驳回则返回申请状态。

2．工作要求

保留变更记录，提供历史变更过程的跟踪查询，保证合同管理的规范性。确保流程准确可查便于事后进行查询回溯。

3．业务流程

零售合同变更管理流程见表13-1。

表13-1　　　　　　　　　零售合同变更管理流程

序号	流程节点	业务步骤	业务信息	办理角色
1	售电公司/零售用户变更合同内容	变更合同约定电量、套餐参数等信息	合同基本信息，合同约定电量信息	市场主体
2	售电公司/零售用户确认合同变更	另一方登录电力交易平台确认合同信息	合同基本信息，合同约定电量信息	市场主体

13.4.2.2 零售合同解除

1．业务子项描述

根据零售合同解约相关条款约定，采用手动发起方式解除合同。发起流程结束后合同执行终止，并保留终止后的合同。

2．工作要求

保留解除合同记录，提供历史过程的跟踪查询，保证合同管理的规范性。确保流程准确可查便于事后进行查询回溯。

3．业务流程

零售合同解除管理流程见表 13-2。

表 13-2　　　　　　　　　　零售合同解除管理流程

序号	流程节点	业务步骤	业务信息	办理角色
1	售电公司/零售用户发起解除合同	一方发起合同解除流程	合同基本信息，合同约定电量信息	市场主体
2	售电公司/零售用户确认解除合同	另一方登录电力交易平台确认合同解除信息	合同基本信息，合同约定电量信息	市场主体

13.5　合　同　查　询

13.5.1　业务项描述

合同查询功能旨在为用户提供便捷、快速的合同信息检索服务，提供灵活的查询条件，方便用户查询合同电量、价格信息等。

13.5.2　业务子项

1．业务子项描述

对电力交易平台中的合同信息进行查询，支持依照合同开始结束日期、合同类型、合同序列、签订状态等维度进行检索。

2．工作要求

电力交易平台应提供多种组合查询条件，并可按照年份、月份、同比、环比等维度进行统计分析。

3．工作内容

业务人员根据业务需求，使用交易名称、市场主体名称、合同周期、合同序列、合同购售方、合同状态、合同名称等条件对合同信息进行查询。系统自动对查询结果进行分类展示，并进行汇总统计，以更便捷地满足用户的需求。

14 展　　望

14.1　面临的形势

近年来，电力市场化改革不断推进，相关政策密集落地，市场出清业务在电力市场改革的过程中不断发展变化，在交易模式、交易品种、交易频次等方面难以适应电力供需形势快速变化、新能源大规模并网入市、新型市场主体发展等市场建设的新挑战。市场出清业务在流程、规则、算法、人机交互等方面变化将更加频繁，对电力交易平台提出了适应更大用户规模、更高处理性能、更优用户体验的要求，市场出清模块需要具备高度的灵活性和可扩展性，以便能够高效、快速响应业务需求。

为了应对这些挑战和难点，市场出清模块需要对交易标的、交易时序、组织方式、安全校核等关键环节进行再研究、再设计，在绿电绿证交易、新型主体参与市场、分时价格体系、电力交易品种等方面不断优化和完善，推动市场出清业务的标准化、精细化、灵活化，更好适应电力供需时段性变化频繁和新能源发电波动性、随机性的特点，确保中长期与现货、批发与零售、电能量与辅助服务的统筹衔接。

14.2　发展方向

市场出清的发展方向应更好地与电力市场的发展趋势相匹配，不断提升市场出清业务的水平和质量。在市场出清后续的业务设计方面，将以服务我国新型能源体系和新型电力系统建设为目标，以满足市场主体多样化需求为导向，遵循电力系统运行规律和经济规律，不断提升资源配置效率与市场竞争效率，发挥市场价格在反映能源生产成本、调节供需平衡、引导发用电行为的重要作用。同时，在遵循国家相关政策法规和行业标准规范的基础上，紧跟国际先进理念和技术发展动态，充分借鉴国内外成熟经验和成功案例，结合中国国情和地方特色，创新和完善市场出清业务设计。

未来，市场出清业务设计的总体目标是构建一个全面、高效、灵活、智能的市场出清业务体系，满足全国统一电力市场体系，支持全市场形态、全电量空间、全体系结构、全范围配置的要求，实现市场出清功能模块的实时化、精益化、配置化、高效化、共享化、标准化，为市场主体提供优质、便捷、安全的交易服务。

市场出清业务下一步将在以下方面进一步发展：

（1）开展绿电绿证交易的业务研究设计。随着各省可再生能源绿证全覆盖、省内新能源全量入市、绿电交易规模的不断扩大，绿电交易进一步规范、合规开展，省级电力交易平台将逐步承担省内绿电交易的相关功能。为了高效完成绿证溯源核发，省级电力交易平台将在市场出清、合同等模块实现统一，以满足后期的溯源、绿证核发需要。

（2）开展新型主体参与市场机制研究。随着分布式电源、储能、虚拟电厂等新型主体加速涌现，需要通过创新与丰富市场交易机制予以承接。分布式新能源大规模发展，将呈现点多、面广、主体多的特征，原有集中交易模式将面临较高的组织成本，需要逐步建立完善包含分散式市场、平衡单元等新模式在内的多层级市场。研究储能、虚拟电厂等调节性主体参与现货交易机制，通过交易确定调峰的调用次序，实现系统调峰资源的公平竞争。

（3）构建更加成熟完善的分时价格体系，分时价格在全市场体系、全业务链条进一步贯通。在中长期与现货衔接方面，中长期市场向更短的交易周期、更高的交易频次、更精细的时段划分发展。在批发与零售衔接方面，实现批发侧分时价格信号向用电侧有效传导，零售套餐分时价格替代原有峰谷电价模式，通过市场价格信号精准引导零售用户用电响应。

（4）不断丰富电力市场交易品种。研究发电容量市场交易机制，在已出台的煤电容量价格补偿机制的基础上，探索建立发电容量补偿价格市场竞争机制，通过市场竞争确定规划建设的煤电机组名单与补偿价格标准。深化辅助服务交易品种与机制设计，研究增加转动惯量、一次调频、快速爬坡、备用等品种，实现辅助服务交易价值显性化、多类型主体同台竞争、各主体公平合理承担辅助服务费用的目标。

（5）加强市场出清业务数智化发展。利用人工智能、大数据、数字孪生、区块链等技术，深入挖掘历史交易数据和市场趋势。构建由数据驱动、高度自动化的业务模式，为新品种、新规则、新算法的应用效果提供快速可靠的验证途径。在智能化交易匹配、实时数据分析、风险识别预警等方向进行探索研究，提升市场出清模块对市场态势的实时感知和响应能力，推动电力市场与数字技术的融合，实现高水平的自动化和智能化运营。

14.3 预期效果

电力交易平台在市场出清方面的业务设计进一步完善将带来以下效果：

从业务开展角度看，电力交易平台在市场出清方面的业务设计完善有助于带动全业务链条优化，规范业务流程，缩短工作周期，更好适应市场规模的发展需要。中长期、现货、零售、绿电绿证、辅助服务等市场有效衔接、互为补充，充分满足市场主体的交易需求，使市场体系更加完善、灵活、高效。

从平台建设角度看，新引入的业务使电力交易平台市场出清功能更全面、交易品种更多样、业务分类更完备、服务的目标客户更广泛。将为用户提供更高效、更安全、更智能的交易服务，支撑更多层次、更广维度的市场运行。

从能源转型角度看，电力交易平台在市场出清方面的业务设计完善将有助于促进能源结构调整，提升可再生能源消纳水平，为服务新型电力系统和新型能源体系建设赋能，助力"碳达峰、碳中和"目标的实现。

参 考 文 献

[1] 史连军．能源转型下的电力市场发展思考［J］．中国电力企业管理，2023，（10）：22-26．

[2] 史连军．电力市场建设需以系统思维统筹推进［J］．中国电力企业管理，2022（10）：50-54．

[3] 谢开，彭鹏，荆朝霞，等． 欧洲统一电力市场设计与实践［M］．北京：中国电力出版社，2022．

[4] 谢开．美国电力市场运行与监管实例分析［M］．北京：中国电力出版社，2017．

[5] 张显，史连军．中国电力市场未来研究方向及关键技术［J］．电力系统自动化，2020，44（16）．

[6] 刘永辉，张显，谢开，等．能源互联网背景下的新一代电力交易平台设计探讨［J］．电力系统自动化，2021，45（07）：104-115．

[7] 刘硕，张梦晗，夏清，等．基于备用辅助服务需求申报的现货市场机制设计［J］．电力系统自动化，2022，46（22）：72-82．

[8] 张圣楠，刘永辉，胡婉莉，等．电力交易平台业务中台设计研究［J］．电网技术，2021，45（04）：1364-1370．DOI:10.13335/j.1000-3673.pst.2020.1877．

[9] 刘敦楠，许小峰，李根柱，等．考虑供需不确定性与价格波动的电网企业代理购电优化决策［J］．电网技术，2023，47（07）：2691-2705．DOI:10.13335/j.1000-3673.pst.2023.0273．

[10] 刘敦楠，李竹，徐尔丰，等．面向新型电力系统的灵活能量块交易出清模型［J］．电网技术，2022，46（11）：4150-4162．DOI:10.13335/j.1000-3673.pst.2022.0703．

[11] 薛金花，叶季蕾，许庆强，等． 客户侧分布式储能消纳新能源的互动套餐和多元化商业模式研究［J］．电网技术，2020，44（04）：1310-1316．

[12] 刘学，刘硕，于松泰，等．面向新型电力系统灵活性提升的调峰容量补偿机制设计［J］．电网技术，2023，47（01）：155-163．DOI:10.13335/j.1000-3673.pst.2022.0790．

[13] 舒畅，钟海旺，夏清，等．约束条件弹性化的月度电力市场机制设计［J］．中国电机工程学报，2016，36（3）：587-595．

[14] 周鑫，王巍，袁泉，等．基于数据集成的电力市场环境下电力交易管理系统设计［J］．电气应用，2023，42（02）：107-113．

[15] 纪鹏，曾丹，孙田，等．全国统一电力市场体系深化建设研究——以省间、省内市场耦合演进路径设计为切入点［J］．价格理论与实践，2022（05）：105-109．DOI:10.19851/j.cnki.CN11-1010/F.2022.05.091．

[16] 岳紫玉，谢文，周琳，等．现货市场下批发侧至零售侧的电价传导机制研究［J］．电力需求侧管理，

2023, 25 (03): 6-13.

[17] 王宵雁, 顾锦汶, 宋燕敏, 等. 电力市场中的合同管理系统. 电力系统自动化, 2002, 26 (05): 13-16.

[18] 袁浩, 董晓亮, 刘强, 等. 全国统一电力市场体系下电力零售侧市场框架设计 [J]. 电网技术, 2022, 46 (12): 4852-4862.

[19] 高志远, 袁浩, 刘强, 等. 基于算法库和灵活组态的电力零售市场模拟推演 [J]. 电网技术, 2022, 46 (11): 4200-4208.

[20] 彭一海, 刘继春, 刘俊勇. 两级电力市场环境下考虑多类型零售套餐的售电公司购售电策略 [J]. 电网技术, 2022, 46 (03): 944-957.

[21] 费彬. 电力交易平台的支持系统分析 [J]. 电子技术, 2022, 51 (12): 216-217.

[22] 北京电力交易中心有限公司组编. 新一代电力交易平台（省间）设计丛书　业务模型设计　市场出清分册. 北京: 中国电力出版社, 2021.

[23] 北京电力交易中心有限公司组编. 新一代电力交易平台（省间）设计丛书　需求规格设计　市场出清分册. 北京: 中国电力出版社, 2021.

[24] 黄龙达, 杨争林, 庄卫金, 等. 电力"中长期＋现货"市场全业务支撑平台关键技术研究 [J]. 电网技术, 2020, 44 (11).